Enseigner
une culture étrangère

par GENEVIÈVE ZARATE

RECHERCHES/APPLICATIONS

HACHETTE

REMERCIEMENTS

La réflexion proposée ici n'existerait pas sans la confiance, les encouragements et les enseignements de Louis Porcher.

Lucette Chambard et Gilbert Joseph ont bien voulu suivre, avec autant de patience que de rigueur, les différentes étapes de la rédaction de cet ouvrage.

Michelle Troutot, André Reboullet et Daniel Coste ont, par leurs remarques et leurs conseils, stimulé cette réflexion.

Danielle van Zundert, Milton Arruda, Ana Blas et Michel Soignet ont contribué à illustrer la diversité des contextes culturels dans les applications pédagogiques proposées ici.
Qu'ils en soient tous chaleureusement remerciés.

ISBN : 2.01.011872.3

© Hachette 1986. 79, boulevard Saint-Germain - F 75006 PARIS.

Sommaire

2. REPRÉSENTATIONS DU TEMPS ET DE L'ESPACE

3. QUELS DOCUMENTS ?

4. QUELLES DÉMARCHES ?

Préface

G. Zarate souhaite par son ouvrage contribuer à la constitution de la didactique des cultures à l'instar de la didactique des langues. Cette dernière est désormais «positionnée»; ce vilain mot signifie qu'elle a trouvé sa place par rapport aux sciences humaines qui l'informent et qu'elle s'est même installée dans l'institution académique; dernier indice métaphorique de ce «positionnement», elle a, comme jadis la psychanalyse et naguère la sociologie, défini son «champ».

Pour la didactique ou, si l'on préfère, l'enseignement-apprentissage des cultures étrangères, on est encore loin du compte pour plusieurs raisons bien illustrées par G. Zarate, qui tient plutôt un discours de mise en garde que de fondation:

— La didactique des langues n'a pas donné de réponses assez claires aux questions: en matière de civilisation quoi et comment enseigner, avec quels outils, quels documents et quels objectifs?

— Il n'existe pas de grammaire des cultures comme il existe des grammaires de langues tout insuffisantes qu'elles sont. Et s'il y en avait, elles seraient d'un maniement autrement plus complexe que les grammaires linguistiques qui décrivent ce qu'on peut ou ce qu'on doit dire, puisqu'elles devraient faire peut-être la plus grande place à l'implicite, donc à ce qu'on ne dit pas.

On sait enfin tout le mal que se sont donné les sciences sociales depuis vingt ans pour réintégrer dans leur appareil théorique une théorie du sujet.

Or l'approche d'une culture étrangère proposée par G. Zarate pose la problématique d'une relation intersubjective particulièrement complexe et semée de chausse-trapes. Nous savons, depuis Ronald Laing, Sartre et, avant eux, Hegel, que la relation intersujets et, par suite, la communication interpersonnelle passent par une dialectique complexe d'affirmation de soi, et de reconnaissance d'autrui et par autrui, qui ne va pas sans malentendus, paradoxes et conflits, même entre gens censés se connaître, couples, parents-enfants, maîtres et esclaves.

Que dire de cette relation quand elle devient intergroupes et surtout interculturelle, et que les références de l'espace, du temps, de la mémoire et de l'appartenance sociale, non seulement sont différentes mais ne sont même pas toujours conscientes pour les acteurs potentiels de l'échange ?

Les réflexions théoriques et méthodologiques de G. Zarate et les démarches didactiques qu'elle propose donnent des voies pour poser et tenter de résoudre cet incontournable. Nul doute que les enseignants qui sont nombreux à s'interroger sur la difficulté d'enseigner les cultures étrangères en tireront le plus grand profit.

F. DEBYSER

Itinéraires

Il y a bien des chemins à suivre dans un livre. Voici quelques itinéraires.

- Vous êtes un lecteur **précis et pressé :** vous pourrez, à partir des passages imprimés en gras, poser des jalons de lecture dans ce livre.

L'implicite procède d'une stratégie d'adaptation à l'autre. Il sépare dans l'expérience individuelle ce qui est de l'ordre de l'informulable et ce qui est susceptible d'être partagé avec l'interlocuteur. Cet art de la sélection caractérise la compétence.

- Ce qui peut être immédiatement **utilisable en classe** est votre priorité : vous repérez les *FICHES* d'activités. En outre, les chapitres 3 et 4 sont en prise directe sur la réalité de la classe.

FICHE

APPRENDRE À QUESTIONNER

C'est une démarche très courante que d'interroger un étranger sur des aspects de la culture qu'il représente. La bonne volonté, la curiosité peuvent s'avérer insuffisantes si les références utilisées pour questionner sont inadaptées à ce contexte étranger.

- Vous avez des **questions précises à résoudre** : choisissez votre parcours à partir du sommaire et de l'index. Des notes en bas de page vous invitent à suivre l'évolution d'un même concept à travers le livre.

- Vous aimez le **concret** : entrez dans le texte par les *EXEMPLES* proposés ; vous viendrez ensuite à l'analyse.

EXEMPLE

Je suis souvent en retard, cinq, dix minutes. Ma mère oublie de me réveiller, le déjeuner n'est pas prêt, j'ai une chaussette trouée qu'il faut raccommoder, un bouton à recoudre sur moi « tu peux pas partir comme ça ! » Mon père file sur son vélo, mais ça y est, la classe est rentrée. Je frappe, je vais au bureau de la maîtresse en

- Vous recherchez des **points d'appui théoriques** : des *TEXTES DE RÉFÉRENCE* reproduits en fac-similé présentent des notions à la charnière de la didactique des langues et de la sociologie, de l'ethnologie et de l'histoire. Les chapitres 1 et 2 sont plus particulièrement consacrés à cette approche.

TEXTES DE RÉFÉRENCE

LE STÉRÉOTYPE : DÉFINITIONS

Le stéréotype peut être défini comme un ensemble de traits censés caractériser ou typifier un groupe, dans son aspect physique et mental et dans son comportement (1). Cet ensemble s'éloigne de la « réalité » en la restreignant, en la tronquant et en la déformant. L'utilisateur du stéréo-

- Vous cherchez des **indications bibliographiques** : suivez les notes en bas de page. L'accent est mis sur les travaux récents : 40 % des références sont postérieures à 1980.

2. P. Ariès, *Essais sur l'histoire de la mort en Occident du Moyen Âge à nos jours.* Paris, Seuil (1975), p. 12, préface.

- Vous privilégiez la cohérence entre une pratique de l'enseignement et la réflexion qui l'éclaire : partons ensemble au fil des pages.

1. La compétence culturelle
en langue étrangère :
de l'ethnocentrisme à la relativité

Comment peut-on «apprendre» et «enseigner» une culture étrangère? Ce chapitre propose des éléments de réponse en comparant la façon dont fonctionnent la (ou les) culture(s) maternelle(s) et la culture étrangère. **Jusqu'à maintenant, l'apprentissage de la culture étrangère semble reposer sur un postulat : donner à l'étranger la même compétence culturelle que celle du natif. Nous voulons ici soumettre ce postulat à un examen systématique, et montrer que les apprentissages des cultures maternelle et étrangère sont de nature différente.** Il est donc illusoire de demander à l'élève de la classe de langue de s'approprier les comportements et les usages de la culture étrangère comme si cette opération relevait du mimétisme. L'approche d'une culture étrangère sollicite une démarche de connaissance dont on ne peut sous-estimer la complexité : remise en cause de savoirs présentés et reçus comme définitifs dans la culture maternelle, communication fondée sur des références aussi bien implicites qu'explicites, apprentissage de la relativité. La découverte d'une culture étrangère peut conduire à questionner l'idée même de connaissance quand la familiarité et l'expérience apparaissent comme des étapes provisoires de la connaissance.

1. L'APPRENTISSAGE CULTUREL DANS LE CONTEXTE MATERNEL

L'appartenance à une culture impose une représentation du monde d'autant plus efficace qu'elle ne se construit pas sur des choix raisonnés, des adhésions délibérées, des apprentissages qui se donnent comme tels. L'appartenance du natif à une culture se décide, pourrait-on dire, en son absence, sur le mode de l'imposition. Il paye à son insu le droit d'entrée dans une communauté culturelle. C'est de sa discrétion même que ce processus de persuasion clandestine tient son efficacité. Ni naïf, ni crédule, ni soumis, le natif enregistre pourtant, au-delà de sa conscience même, la vision du monde qui légifère le quotidien de sa communauté.

1.1. L'infiniment petit des apprentissages sociaux

C'est dans l'infiniment petit des relations sociales que l'appartenance culturelle se construit et se signe ; à la mesure de chaque décision, de chaque choix, de chaque attitude que le quotidien impose. Dans l'addition de ces faits infinitésimaux, dont chacun pris isolément peut être d'une portée limitée pour celui-là même qui les exécute comme pour celui qui en serait le spectateur occasionnel, se dessine la cohérence d'une vision du monde. En matière d'observation du tissu social, la discrétion d'un phénomène ne signifie donc nullement qu'il soit, sur le plan de l'analyse, insignifiant ou anodin.

Voici deux exemples qui montrent combien le **poids des apprentissages familiaux dans la prime éducation** peut être décisif pour ordonner et structurer le monde aux yeux du petit enfant.

Très tôt l'enfant participe pleinement à la vie des adultes. Son alimentation est identique sauf qu'on évite de lui donner de la viande tant qu'il n'a pas une denture complète. Sa vie quotidienne se déroule dans la salle commune, espace socialement plein, puisqu'on y mange, on y dort, on y cuisine, on y veille, on y parle. L'enfant est donc placé d'emblée au cœur de l'intimité familiale, on ne l'éloigne jamais. Parmi les membres de la maisonnée les grands-parents, qui restent plus souvent que les autres au foyer, prennent en charge l'enfant. En compagnie « des pépés et des mémés », l'enfant s'initie peu à peu à la vie familiale et sociale. Entre ces générations s'engage alors un long dialogue où les vieux transmettent aux enfants leurs savoir-faire, savoir-dire, savoir-reconnaître. « On était tout le temps après les pépés et les mémés. C'est en les écoutant parler que j'ai appris le patois, parce que les parents ils parlaient le français entre eux. C'est vers la grand-grand-mère — la mère à mon grand-père — que j'ai appris à compter. Elle avait quatre-vingt-douze ou quatre-vingt-treize ans, elle était revenue mourir auprès de son fils. Elle ne savait ni lire ni écrire, mais elle m'a appris à compter. Elle disait 'Je vais t'apprendre les Vêpres de Lochères'. Alors en chantonnant, elle faisait 'un bâton et un bâton, ça fait deux bâtons... deux bâtons et un bâton, ça fait trois bâtons...'. Comme une psalmodie quoi. A force j'ai su compter. »

En leur compagnie, l'enfant parcourt son quartier, allant de maisons voisines en maisons parentes. Ainsi, peu à peu, il apprend la topographie généalogique du village et s'accoutume aux relations multiples qui unissent les voisins les uns aux autres. « L'après-midi, ma grand-mère disait : 'Viens on va chez les François', elle était bien avec la mère François, elles cousinaient bien ensemble. L'Hermance Jodelet, qu'habitait à côté, elle me disait : 'Tu viens, je monte chez ma tante Pélagie.' Moi, comme j'étais toujours prête à rôder, j'y allais. Avec l'Hermance on se fréquentait bien, d'ailleurs on est en parenté, je ne sais pas comment, mais elle me disait : 'T'es de notre famille, t'es notre cousine.' J'aimais bien être chez eux, j'y allais souvent, j'y restais manger. »

L'apprentissage des lieux sociaux et de l'éthique villageoise est aussi pratiqué lors d'autres promenades. Très tôt le petit enfant accompagne sa grand-mère au cimetière : il y a toujours un mort à vénérer dans la famille. « Dès que j'ai su marcher, ma grand-mère m'a emmenée au cimetière sur la tombe de maman. On y allait pas tous les jours, mais presque. Surtout qu'après maman on y a eu Albert, mon cousin mort à huit ans. »

F. Zonabend, *La Mémoire longue. Temps et histoires au village.* Paris, P.U.F. (1980), pp. 107-108 (Croisées).

Dans ce premier exemple les témoignages recueillis auprès des habitants de Minot, village situé au nord de la Bourgogne, illustrent la nature des apprentissages familiaux au début du XXᵉ siècle. Dans les actes patiemment réitérés au long de la vie quotidienne, se transmettent les savoirs de la communauté familiale et villageoise : apprentissages linguistiques, liens de parenté, topographie affective du village, modes de sociabilité, mémoire familiale. Égrenés au fil des jours, élaborés dans la diversité des relations, ces enseignements, qui ne se donnent comme tels que lorsqu'il s'agit de savoir scolaire (apprendre à lire et à écrire), initient l'enfant aux références de son environnement sans qu'il y ait volonté explicite de transmission de la part de son entourage. Ces enseignements s'énoncent ainsi sous forme de valeurs absolues (il faut vénérer les morts, je suis parente avec Hermance Jodelet). Ils s'imposent à l'enfant avec toute la force des principes indiscutés et indiscutables. L'identité de l'enfant se construit ainsi à travers les références implicites de son groupe. Ce travail quotidien d'insertion sociale induit une organisation symbolique du monde, un découpage entre repères familiers et valeurs interdites sans qu'il soit possible pour l'enfant de prendre la mesure de l'étendue et des limites des significations non codifiées. Les savoirs ignorés, les zones de sens inexplorées, les pratiques jamais observées s'imposent ainsi comme autant d'actes bizarres, anormaux, ou condamnables. Ces classements sociaux s'instituent, par le seul fait qu'ils ne sont jamais explicitement énoncés, dans toute la violence de leur arbitraire.

Dans ce second exemple, l'écart restreint d'âge entre Nanou (quelques mois) et la narratrice (quatre ans et demi) montre avec quelle rapidité les apprentissages culturels s'enregistrent. Alors que le bébé teste le degré de tolérance de sa mère face à ses initiatives corporelles, la petite fille possède déjà la maîtrise, donc la reconnaissance, de certains principes de tenue corporelle. Elle est capable de restituer — à travers le souvenir enrichi de l'expérience de l'adulte qu'elle est maintenant — la liste des axiomes qui ordonnent l'acte simple à énoncer (manger proprement) mais complexe dans le temps de la réalisation, étant donné les multiples cas de figures possibles. A travers l'acte de manger — fait routinier de la vie quotidienne — s'énonce tout un ordre du monde : la nutrition est sublimée par toute une série de lois qui la détournent de son objectif élémentaire (rassasier le corps) et qui lui confèrent le pouvoir d'être socialement distinctive. Elle est l'un des points par où passe cette frontière jamais explicitée, mais pourtant déjà acceptée par la petite fille entre "gens bien et mal élevés". C'est dans le parfait respect de ce code du savoir-manger que tient l'excellence de l'éducation et que se manifeste la solidarité de l'enfant avec les valeurs du groupe familial et social auquel il s'identifie.

Ainsi les préceptes les plus insignifiants qui construisent les notions de bonne tenue, de maintien manifestent, au-delà de leurs réalisations circonstancielles, l'adhésion à un ordre symbolique qui engage l'individu au-delà des seules valeurs alimentaires. Dans ce second exemple, l'assimilation, totalement

« Nanou rit puis continue à taper sur la table. Maman donne des cuillerées de bouillie à Nanou et de temps en temps — il le fait exprès —, Nanou tourne la tête juste au moment où la cuillère s'approche. La bouillie s'écrase sur ses joues, déborde vers son oreille, s'emmêle dans ses boucles.

— Enfin ! dit Maman.

Nanou s'amuse. Maman est obligée d'attendre. Maintenant Nanou fait sortir de la bouillie de sa petite bouche comme une fausse langue un peu pâteuse, dardée entre ses lèvres en bouton. Il tape de plus en plus fort dans l'assiette. Il y a des giclures dans tous les sens. La table est recouverte de bouillie. Maman se fâche peut-être. Je regarde cela avec ma sœur. Elle a six ans. Moi quatre et demi. Nous sommes jalouses. Nous savons qu'il faut manger proprement.

Il faut manger proprement. Se tenir droite sans s'appuyer au dossier. Tenir ses couverts entre ses doigts et non à pleine main : ainsi font les bébés, les gens mal élevés et les "Boches" qui prennent couteau et fourchette comme des hallebardes et les dressent sur la table en mâchant bruyamment. Les "Boches" se mouchent dans leurs manches, ils sont rouges et sales et ne savent pas se tenir. C'est dégoûtant de se salir. On ne doit pas laisser de nourriture dans les coins de sa bouche ni sur ses joues. On ne doit pas se remplir la bouche de façon excessive ni avant d'avoir avalé la précédente fournée. On ne doit pas parler en mangeant. Parler la bouche pleine est un acte particulièrement déplaisant : on montre inévitablement la bouchée à moitié mâchée et c'est horrible. On doit manger avec mesure, de façon efficace et régulière, et toujours arriver à vider son assiette. Mais pas avant les autres, ce qui serait le fait de la gloutonnerie. Ne rien laisser non plus. Ne pas demander plus qu'on ne pourra manger. Manger ce qu'on vous donne et non ce dont on a envie. Ne pas prétendre qu'on n'a plus faim. Manger n'est pas une question de faim mais de correction. Finir son pain. Telles sont les phrases qui résonnent autour de la table, que l'on répète et que nos parents nous disent avec sévérité parce que nous ne sommes pas sages, même s'ils sont jeunes et que cela n'a pas d'importance. »

Odile Marcel, *Une éducation française*. Paris, P.U.F. (1984), pp. 12-13.

Note. L'expression « Boches » s'inscrit dans le contexte des guerres qui opposèrent l'Allemagne et la France (1870-71, 1914-18, 1939-45). Différentes données présentes à d'autres moments du récit permettent de situer cette scène en 1951 ou 1952, soit six ans au moins après la fin de la Seconde Guerre mondiale.

arbitraire du point de vue d'une rationalité maîtrisée, entre "Boches" et "gens mal élevés" s'impose comme naturelle pour l'enfant, dans la mesure où elle n'a jamais été discutée. Le prolongement des normes de maintien en valeurs nationalistes est d'autant plus efficace symboliquement qu'il fonctionne sur le mode de l'analogie de l'implicite et de la subjectivité. Ainsi l'enfant adhère à une vision du monde parfaitement arbitraire mais qui, par sa cohérence même (Boches = gens mal élevés =

gens qui ne maîtrisent pas les débordements du corps), s'impose comme indubitablement vraie.

La discrétion du travail social est une des conditions inhérentes à son fonctionnement. La difficulté d'une entreprise explicative se trouve là : mettre à jour ce qui est méconnu de ceux-là même que l'analyse veut décrire, dévoiler des mécanismes propres à une communauté alors qu'ils peuvent être ignorés de ses membres.

La méconnaissance doit être révélée par l'analyse qui doit, dans le même temps, la considérer comme un élément constitutif de l'apprentissage culturel. C'est dire que ce qui est caché, implicite, est essentiel pour une démarche d'objectivation de l'apprentissage culturel et que celle-ci ne pourra se constituer que dans une entreprise d'explication et de mise en lumière.

A la frontière de la parole et du silence, la notion d'implicite interroge à la fois le système de représentation du monde que peut se donner une communauté et les conditions par lesquelles ces représentations peuvent prendre forme, circuler et se modifier. C'est ce processus qui est maintenant décrit.

1.2. L'implicite culturel

Derrière l'insignifiance apparente des interactions sociales, derrière la routine, la trivialité du quotidien, circule l'implicite, signe d'une expérience muette du monde. Si le texte social se dérobe dans l'immédiat, il a pourtant son ordre. Dans les choix placés sous le signe de l'urgent et de l'immédiat qu'impose la logique de la vie ordinaire, affleurent des régularités qui signalent la cohérence des systèmes culturels. A travers le désordre apparent des décisions infinitésimales qui ponctuent l'expérience, se manifeste l'adhésion de chacun à la communauté à laquelle il appartient. Le fonctionnement de l'implicite repose sur un consensus social : les différents membres d'un groupe, quels qu'ils soient, se reconnaissent parce qu'ils adhèrent à des représentations du monde et à des intérêts communs.

Comment fonctionne l'implicite dans l'économie des relations sociales ? Trois règles peuvent expliquer le rôle de l'implicite dans un système culturel : un principe d'économie, le calcul hypothétique, la règle du jeu.

1.2.1. *Le principe d'économie*

En se référant à quelque chose mais en se taisant sur l'essentiel, l'implicite en signale l'existence mais ne l'explicite pas. Il est économe car il invite au partage de la référence sans pourtant la dévoiler. Il est économe car il réactualise dans la communication en cours un non-dit dont le sens se trouve en amont de l'échange même. De ce fait, l'implicite culturel est avant tout échange, complicité, œillade : il ne peut exister sans l'autre. Ce qu'il contient d'inarticulé, d'inachevé, d'ébauché, l'autre est censé le compléter.

Par principe, tout n'est jamais dit dans le présent. L'implicite propose un texte troué : «Un énoncé a toujours ses marges peuplées d'un autre énoncé». remarque Michel Foucault [1]. L'implicite actualise de manière laconique un passé où le sens prolifère, archive les faits antérieurs, réveille des significations endormies, les charrie au fil du temps, même si le sens originel a été parfois submergé. Il met en abîme l'histoire, il est la trace d'une mémoire collective en signalant dans le présent l'archéologie de nos pratiques culturelles, en inscrivant l'individu dans le temps.

On ne peut donc confondre l'implicite et l'impensé. Se situant dans le contexte des menus événements du quotidien, l'implicite pare au plus pressé. Il s'appuie sur cette science du savoir pratique qui fait l'expérience, qui pourvoit aux décisions à prendre dans l'instant, en se nourrissant des solutions que suggère la tradition. **L'implicite permet une économie de réflexion en ne mobilisant, pour l'échange communicatif en cours ou la pratique en jeu, que les fragments de savoir qui se situent dans un rapport immédiat à la situation donnée.** L'implicite culturel induit dans une certaine mesure la continuité avec le déjà-fait, le déjà-dit, et la reproduction de savoirs dont l'efficacité a été éprouvée.

1.2.2. La mise en hypothèse

Mais l'implicite n'installe pas que des processus de reconduction du passé. Il s'articule avec la dynamique du présent, les exigences de l'ici et du maintenant, les nécessités de l'action. Le maniement pertinent de l'implicite culturel impose une stratégie d'adaptation à la situation donnée. Il s'agit d'y prélever ce qui relève du silence, du demi-mot, et donc de mettre en place l'interprétation que l'on donne, pour soi-même, et une stratégie de décodage que l'on soumet à la sagacité du ou des partenaires. L'implicite prend son sens autour d'une intention de communication et d'un projet social. C'est à la fois l'image que l'acteur social a de lui-même et l'image qu'il a des autres qui est en cause.

Parce qu'il utilise **l'allusion** comme vecteur essentiel, l'implicite s'inscrit en profondeur dans le tissu des références sociales. Il repose sur un calcul stratégique cherchant à rendre optimales les conditions par lesquelles le décodeur pourra décrypter les intentions véhiculées. Dans une situation donnée, tout se passe comme si le locuteur fouillait dans le lot des références qui lui sont familières pour en extirper celles qu'il suppose partagées par son interlocuteur. Il s'agit, à partir du calcul d'estimation des références supposées communes, établi selon les indices présents dans la situation donnée, de faire émerger ce qui pourrait relever d'une expérience commune. C'est un calcul par anticipation. Les premiers échanges ont une importance extrême : ils permettent de vérifier le bien-fondé du calcul estimatif ou bien de l'affiner. Ce processus est ainsi décrit par E. Goffman :

---

1. M. Foucault, *L'Archéologie du savoir*. Paris, Gallimard (1969), p. 128.

« Lorsque des personnes ignorent réciproquement leurs opinions et leur statut, un processus de tâtonnements s'engage par lequel un acteur dévoile petit à petit ses idées et son statut à l'interlocuteur. Après être juste un peu sorti de sa réserve, il attend que son partenaire lui démontre qu'il ne court aucun danger à agir ainsi, et une fois rassuré, il peut sans crainte en dire un petit peu plus. En donnant un tour ambigu à chaque nouvel aveu, l'acteur est en mesure de s'arrêter dans l'abandon progressif de sa façade au moment où il n'obtient plus de réponse rassurante de son partenaire [1]. »

L'implicite procède d'une stratégie d'adaptation à l'autre. Il sépare dans l'expérience individuelle ce qui est de l'ordre de l'informulable et ce qui est susceptible d'être partagé avec l'interlocuteur. Cet art de la sélection caractérise la compétence culturelle. L'implicite est ruse car il décide du visible et du caché et les fait se refléter en un jeu infini de miroirs : ce que je sais qu'il sait, ce que je sais qu'il ignore, ce que j'ignore qu'il sait, ce que j'ignore qu'il ignore... Si l'implicite dévoile par jeu stratégique, il s'accompagne en retour d'une certaine réserve. L'implicite fonde son existence sur la duplicité.

1.2.3. La règle du jeu

Comme tout jeu, l'implicite relève du contrat ; il légifère ce qui doit rester illisible dans le tissu social. Tout écart par rapport à cette norme est sanctionné. Dans ce cas, la collectivité, de collectif d'acteurs s'institue arbitre : vigilante, elle décide jusqu'où l'interprétation de la norme peut être tolérée et, en cas de franchissement abusif, désigne du doigt ou frappe d'exclusion l'individu excentrique.

Il ne s'agit pourtant pas d'un jeu comme les autres : les partenaires ne peuvent décider d'y rentrer ou de s'en exclure. C'est un jeu qui ne commence et ne finit jamais, qui n'admet pas de spectateur ou d'observateur impartial. Mais tout le monde sait qu'il faut jouer de la meilleure façon possible son personnage social, sa représentation, dans cette mise en scène de la vie quotidienne. La règle du jeu impose que la distance entre l'être et le paraître, l'ontologique et le symbolique soit abolie. Pour le membre d'un groupe social, exister socialement, c'est accepter d'être confondu avec les attributs symboliques que le groupe lui reconnaît. L'individu se confond avec son rôle social, comme le remarque E. Goffman :

---

1. E. Goffman, *La Mise en scène de la vie quotidienne*. Paris, Éditions de Minuit (1973), « Le Sens Commun ». p. 103. Traduit de l'anglais par A. Accardo et A. Khim.

« *Être réellement* un certain type de personne, ce n'est pas se borner à posséder les attributs requis, c'est aussi adopter les normes de la conduite et de l'apparence que le groupe social y associe [1]. »

Maîtriser les règles du jeu social, ce n'est pas les appliquer *stricto sensu* dans toute leur rigueur. C'est plutôt donner à voir le «naturel», le «spontané», marques d'une personnalité inédite, en réinterprétant avec souplesse ce qui est codifié. **La maîtrise du jeu social passe plutôt par la capacité de chacun d'en éprouver l'élasticité, d'en mesurer les seuils de tolérance, d'en repousser, de façon subjective et subversive, les limites [2].** La règle du jeu n'est pas enregistrée une fois pour toutes, comme un étalon métrique auquel chaque conduite aurait à se référer. Elle se construit au détour de chaque interaction. En jouant avec la règle du jeu, chaque joueur prend ainsi le risque de se voir désavoué par sa communauté pour avoir adopté un comportement désinvolte ou outrecuidant vis-à-vis des normes reconnues. Si le risque est réel, le bon joueur saura en limiter la portée par un comportement adéquat. Le franchissement de la règle sociale exige un certain savoir-faire social que l'on appellera bluff, culot ou tact comme ce que décrit ici Goffman :

« Le tact en matière de figuration s'appuie souvent sur un accord tacite à parler par allusions, à user d'un langage fait d'insinuations, d'ambiguïtés, de pauses calculées, de plaisanteries pour initiés, etc. Avec ce type de communication officieuse, la règle veut que l'expéditeur fasse comme s'il n'avait pas réellement émis le message indiqué, tandis que les destinataires ont le droit et l'obligation de faire comme s'ils n'avaient pas déchiffré l'allusion. La caractéristique de la communication par sous-entendus est donc niable : on n'est pas tenu d'y faire face [3]. »

Le fonctionnement de l'implicite culturel sous-entend une organisation de la réalité, une logique acceptée et diffusée par les membres de la communauté. Il présuppose un ensemble d'opinions et de croyances qui se donnent comme indiscutables, qui, alors qu'elles relèvent de la conviction, ont la force de l'évidence et les vertus de l'absolu. L'implicite entraîne une adhésion immédiate à une vision du monde où exclusions, incompatibilités, ruptures, liaisons, alliances, unions sont présentées comme allant de soi sans avoir donné lieu à une mise à distance objective.

---

1. E. Goffman, *Les Rites d'interaction*. Paris, Éditions de Minuit (1974), «Le Sens Commun», p. 29. Traduit de l'anglais par A. Khim.
2. En se donnant à voir aux médias dans leur piscine, à la table de leur déjeuner, les chefs d'État jouent avec la frontière discrète qui sépare vie privée et vie professionnelle, et imposent ainsi, par la violation savamment orchestrée de la règle sociale, une image d'eux-mêmes plus humaine ou plus démocratique.
3. E. Goffman, *op. cit.* (1973), p. 76.

Le rapport au monde n'est pas vécu dans sa contingence. C'est en quoi il repose sur la méconnaissance de ce qu'il est. Le jeu social — le mot étant ici utilisé à la fois comme une activité gratuite et comme un espace ménagé pour faciliter les fonctionnements d'un mécanisme — conforte l'illusion d'une prise directe sur le monde et d'une relation avec la réalité culturelle dont la nature serait totalement maîtrisée par l'individu ou par le groupe. **L'implicite ordonne le quotidien en imposant de façon clandestine une vision du monde.**

1.3. L'implicite au quotidien

Dans le document ci-contre, Robert, propriétaire et gérant d'une épicerie du quartier de la Croix-Rousse à Lyon, est « un commerçant doué d'une valeur symbolique extraordinaire dans ce petit quartier. Tout le monde le connaît et l'appelle par son prénom " Robert " ; l'expression " je vais chez Robert " est ici universelle ; son magasin est un lieu de ralliement qui reçoit le consentement de presque tous les riverains de la rue, consentement d'autant plus vigoureux et unanime que "Robert" est la seule épicerie bien fournie sur une aire relativement importante par rapport à la densité du quartier [1] ». Comment se construit, dans ce quartier, l'espace de l'implicite ? Comment un lieu public, *a priori* lieu de parole ouverte, peut-il se convertir en un lieu de confidences ? Comment un espace marchand (le petit magasin libre-service) peut-il être la scène où s'évoquent à demi-mots des drames du quotidien ?

A l'intérieur de l'espace social élargi que représentent « les gens du quartier » et d'une communauté plus restreinte « les clients de Robert », l'interaction rapportée ici crée un troisième espace de complicité. Toute la conversation s'articule autour de savoirs strictement partagés en commun par Robert et sa cliente, la fonction même de l'interaction étant de les circonscrire, de les réactiver, de les actualiser, de les ajuster aux récents micro-événements familiaux. C'est en effet dans le creuset de leur quotidien familial respectif que puisent Robert et Mme X pour construire cette barrière symbolique qui les isole des autres auditeurs potentiels de cette conversation. Ceux-ci pourraient être indiscrets ; leur présence est ainsi neutralisée : ils deviennent étrangers à l'intérieur même d'un espace — le magasin de Robert — dont ils sont, à un autre titre, les membres constitutifs.

---

1. P. Mayol, *op. cit.* (1980), p. 89.

Voici le résumé d'un dialogue entendu chez Robert entre lui et l'une de ses clientes, Madame X. Je l'ai considérablement raccourci :

R. — « Alors, Madame X, qu'est-ce que vous me prenez aujourd'hui? Essayez voir mes pommes, elles sont épatantes. »

Mme X. — « Oui, ce sera pour moi; mais donnez-moi aussi des oranges parce que Paul, vous savez, les pommes!... »

R. — « Et comment va-t-il? On le voit plus guère. »

Mme X. — « Oh, couci-couça! Rien de bien nouveau... Il s'en voit ben toujours avec la petite. Mais, hein, *la vie c'est la vie...* »

R. — « Oh, ça oui » (ton approbateur — silence).

Mme X. — « Et comme fromage? »

R. — « Essayez voir celui-là, il est fameux. »

Mme X. — « Oh non! Pas pour moi... J'y aime pas bien : (d'un ton peu à peu élevé et regardant Robert droit dans les yeux) vous savez, hein, des goûts et des couleurs, ça se discute pas, ça se discute pas. Y a rien à faire là contre!... Donnez-moi ce petit chèvre-là, plutôt, et du onze, comme d'habitude. »

R. — « Et Aline, elle, comment elle va? »

Mme X. — « Ah ben... c'est toujours pareil. Y a rien à faire pour la décider; ça met son père en fureur; que voulez-vous que j'y fasse, à mon âge surtout.. (sur le ton de l'évidence). Enfin, quand même, *il faut bien que jeunesse se passe! Ils n'auront pas toujours vingt ans, ces jeunes!* (Elle prend alors son cabas chargé, le pose un instant sur le rebord de la caisse et, très vite, à voix presque basse, comme pour en finir, ou pour « vider son sac ».) Et puis, je vais vous dire, ils ont bien raison de *pas trop s'en faire,* les soucis viendront bien assez tôt. Moi, si à leur âge j'avais eu cette liberté, je me serais pas privée. Pas vrai? Bon, allez, au revoir Robert, à demain! Au revoir Monsieur [à moi]. »

R. — « C'est ça! Allez, au revoir, Madame X. »

En reconstituant « l'histoire », nous apprenons que Madame X est la mère de Paul, et la grand-mère d'Aline. Elle vit dans un appartement tout proche de celui de son fils et de sa bru, et fait leurs commissions, car tous deux travaillent. Aline, à peine âgée de 20 ans, vit avec un ami et refuse de se marier, ce qui scandalise son père. C'est une situation de crise qui traîne depuis plusieurs mois. Madame X ne sait pas quel parti prendre; ou plutôt, elle n'ose pas prendre ouvertement parti pour sa petite-fille. C'est pourquoi les stéréotypes dégagés au troisième niveau (« la vie, c'est la vie », « des goûts et des couleurs ») tendent à minimiser la crise, à la *normaliser* en la relativisant par la « sagesse des nations ». La suite dit sa propre position face à cette crise : elle se veut « compréhensive » (« ils ont vingt ans = ils ont raison »); c'est donc une manière de dire à Robert qu'elle trouve Paul trop dur, et qu'elle ne le suit pas dans sa sévérité. A l'aide de quelques phrases, et en un laps de temps relativement court, la confidence a donc été très loin, grâce à l'économie discursive permise par des allusions, les références rapides à un passé connu de Robert seul, à l'exclusion des autres clients.

M. de Certeau, *L'Invention du quotidien,* tome 2. Paris, U.G.E. (1980); coll. « 10/18 », n° 1364. P. Mayol, *Habiter,* pp. 97-98-99.

L'implicite trace les contours d'une communauté en faisant émerger ce qui relève d'un vécu commun. Dans le même temps, il exclut symboliquement ceux qui ne peuvent s'y reconnaître.

Cet échange prend son sens en fonction des conventions reconnues de la clientèle de Robert, qui admettent que cet espace marchand soit un lieu de confidence sans que les modalités de la confidence soient celles, par exemple, de l'espace familial. Voici comment P. Mayol décrit ce fonctionnement particulier :

« Une contrainte objective interdit qu'un temps spécifique soit consacré, chez l'épicier, à la parole confidentielle. Il faut chercher un statut à l'intimité, qui la rende suffisamment possible pour être bien perçue comme telle, mais en la masquant dans sa représentation. Les confidences n'ont pas le droit de se dévoiler telles quelles, elles n'utilisent pas un discours au style direct ; elles vont se greffer sur le discours fonctionnel de l'achat et se glisser en quelque sorte accrochées à lui, comme Ulysse et ses compagnons dans la toison du troupeau pour échapper à la vigilance du Cyclope. Elles se transfèrent dans la chaîne des lieux communs, des expressions proverbiales qui assortissent le langage fonctionnel du choix des objets[1]. » Ainsi à un espace et à une communauté spécifiques correspondent des règles du jeu particulières.

Dans les effets de construction d'un espace intime à l'intérieur de l'espace public du magasin, le nom propre joue un rôle décisif. Alors que les noms de Robert et de Mme X s'inscrivent dans le réseau ouvert de la clientèle, les noms de Paul et Aline s'inscrivent, eux, dans le tissu des références qui lient étroitement Robert et sa cliente. L'échange joue sur la charge informative particulièrement variable que peut contenir un même nom propre pour des interlocuteurs différents. Les noms de Paul et Aline ne déclenchent aucun mécanisme allusif pour les clients qui ne connaissent pas personnellement Mme X. La somme d'implicites qu'ils charrient pour Robert et Mme X leur reste hermétique. Par contre, ces deux prénoms branchent simultanément Robert et Mme X sur un ensemble de significations que l'un et l'autre doivent approximativement avoir en commun. Le fait que Mme X jette la première le nom de Paul dans l'espace ambigu de la converstion, autorise Robert à faire l'hypothèse que celui d'Aline sera bien reçu. L'hypothèse étant confirmée par la suite de l'interaction, la connivence s'en trouve resserrée entre les deux interlocuteurs jusqu'à atteindre l'intensité maximale possible pour le contexte donné. L'économie est extrême dans ces mécanismes d'ajustement à l'autre ; l'utilisation du nom propre permet aux interlocuteurs en présence d'évoquer un univers de crise sans pour autant le révéler aux autres partenaires présents.

---

1. P. Mayol, *op. cit.* (1980), p. 96.

On voit bien dans cet exemple à quel point le jeu sur les implicites isole deux interlocuteurs de leur contexte. La conséquence principale est surtout d'ordre social : un savoir commun est constitué en rapport de forces. Le principe d'exclusion des autres clients est tout aussi décisif que l'effet de connivence entre le marchand et sa cliente.

1.4. La frontière culturelle

Il en va ainsi de toute communauté culturelle, quelle qu'en soit la taille. Le processus décrit entre Robert et Mme X est indépendant du nombre des personnes qui y participent. **Qu'il s'agisse du partage allusif entre une communauté familiale, régionale, nationale, etc., l'enjeu reste le même : signifier l'appartenance à un groupe social et conjointement construire une ligne de démarcation entre ceux qui partagent le sens évoqué dans la communication en cours et ceux qui ne le partagent pas.** Dans toute communauté culturelle, l'implicite joue un rôle décisif : il impose une frontière sociale efficace et discrète.

La frontière culturelle n'est pas exclusivement celle des nations et des cartes de géographie. A l'intérieur d'une même communauté nationale, on est toujours l'étranger de quelqu'un : signifier son appartenance à un système de valeurs esthétiques ou politiques, ou à sa génération, c'est en même temps désigner les groupes sociaux que l'on tient pour différents du sien[1]. Les différences entre nations ne sont qu'un type particulier de frontière culturelle. On ne cesse de dire, dans la communication ordinaire, ce qui fait son identité en proclamant tout aussi bien ce qu'on est et ce qu'on n'est pas.

2. COMPÉTENCE CULTURELLE ET CULTURE ÉTRANGÈRE[2]

Le fait de marquer son appartenance sociale et cuturelle est un élément constitutif de la communication et n'est donc pas spécifique d'une relation entre membres de communautés nationales différentes. **Mais, puisque dans la classe de langue, la culture proposée se donne explicitement comme « étrangère », la différence y est institutionnalisée.** Quelles sont les propriétés spécifiques de ce lieu particulier et quelles conséquences peut-on en tirer, sur un plan didactique ?

---

1. Cf. chapitre 2 : 4. Espace et identité.
2. Cette partie reprend et complète la réflexion proposée dans le numéro 181 du *Français dans le Monde* (novembre-décembre 1983), pp. 35 à 38.

2.1. L'évidence partagée

Un individu n'aborde pas l'apprentissage d'une langue étrangère, vierge de tout savoir culturel. Il dispose d'outils conceptuels dont il n'aurait pas lieu, *a priori,* de remettre en cause l'efficacité, puisque ceux-ci ont jusqu'alors fonctionné sans défaillance majeure dans son système culturel d'origine.

Ces outils apparaissent d'ailleurs comme innés, allant de soi. Les procédures d'acquisition de la compétence culturelle en culture d'origine ne sont jamais vécues comme un choix entre plusieurs possibles, entraînant l'élaboration d'une vision du monde arbitraire. Le propre de l'apprentissage culturel est cette conversion qu'il opère d'un fait de culture en fait de nature : l'arbitraire culturel est vécu comme un rapport immédiat, unique et contraignant avec le monde. Ce qui, dans les faits, a été élaboré, médiatisé par un apprentissage, est perçu comme l'expression d'une évidence indiscutable. **Or, là où se situe l'évidence, se situe le fait culturel dans sa relativité.**

Les modalités d'acquisition de la compétence culturelle en langue maternelle sont souvent effacées, marquées par une sorte d'amnésie générale. La connivence présente avec le réel fait oublier que la réalité n'a pas été toujours accessible avec la même familiarité, qu'elle est une construction élaborée à travers une expérience pragmatique du monde, que ce savoir disponible a été enseigné. Ainsi, non seulement la compétence culturelle n'est jamais vécue spontanément comme relative, mais aussi les étapes de son élaboration sont enfouies dans l'oubli au fur et à mesure qu'elles progressent : il n'y a pratiquement pas de souvenir des savoirs culturels intermédiaires. Une évidence nouvelle remplace une autre sans que cette mutation soit toujours vécue pour ce qu'elle est.

Tout le travail de socialisation d'un individu dans sa communauté le conduit donc à ignorer que « ce qui va de soi » est, en fait, une construction arbitraire du monde, un ensemble cohérent mais non universel. Même la différence a une place assignée dans cette représentation du monde, inscrite dans la cohérence du système culturel maternel. Ainsi, la perception de l'autre est construite à travers le prisme déformant de la compétence culturelle d'origine. L'autre n'est donc jamais disponible à travers sa réalité objective — où serait-il d'ailleurs possible de la trouver ? Il est une image, ou mieux, une représentation.

Dans ce contexte, la rencontre avec d'autres systèmes culturels, d'autres visions du monde, constitue des points de friction, des lieux de dysfonctionnement, des occasions où peuvent se développer des significations aberrantes. **Dans la confrontation avec l'altérité, les membres d'une communauté**

APPRENDRE À QUESTIONNER

C'est une démarche très courante que d'interroger un étranger sur des aspects de la culture qu'il représente. La bonne volonté, la curiosité peuvent s'avérer insuffisantes si les références utilisées pour le questionner sont inadaptées à ce contexte étranger.

Distinguons deux types de questions : d'une part, celles qui valorisent le cadre des références nationales de celui qui interroge ; d'autre part, celles qui cherchent à intercepter le cadre des références propres à celui qui est interrogé.

Voici la photo d'un plat dont on ne précise pas la provenance[1]. On demande à des publics appartenant à des cultures nationales différentes[2] d'en identifier les éléments en posant des questions.

1. Exemples de questions qui valorisent les références nationales de celui qui interroge :
  Public français
— Est-ce que c'est un chou-fleur ?
— Est-ce que ce sont des crêpes ?
— S'agit-il d'un hors-d'œuvre, d'un plat principal ou d'un dessert ? (Référence à un repas se déroulant en plusieurs étapes.)
  Public espagnol
— Est-ce un plat assaisonné à l'huile et au vinaigre ?
— Est-ce un plat d'hiver ou un plat d'été ? (*Référence à une*

---

1. Extraite d'une publicité colombienne pour une marque de semoule de maïs, cette photo regroupe sur une même assiette quatre produits qui ne sont jamais en principe consommés simultanément : le *tamal* (identifié comme chou ou chou-fleur), composé de semoule de maïs, de fèves, de viande de porc et de poulet, est cuit et présenté dans des feuilles de bananier ; les *empanadas*, chaussons farcis de viande hachée ; les *arepas* (identifiées comme crêpes), galettes parfois farcies de fromage ; les *bunuelos*, boulettes frites à base de maïs.
2. Document établi en collaboration avec Ana Blas, Michel Soignet et leurs élèves (terminale à Barcelone ; Faculté des Lettres et Institut français de Budapest).

opposition saison chaude/saison froide: le gazpacho *est une soupe froide qui se consomme l'été en Estremadure, Andalousie, Manche.)*
— Est-ce que ce plat se mange à une date particulière, à Noël par exemple ? *(Référence au calendrier de la liturgie catholique.)*
— Est-ce que c'est un *plato combinado* ? *(Référence à un plat unique servi dans une cafétéria.)*
   Public hongrois
— Est-ce qu'il y a un chou ? *(Aliment très fréquent dans la cuisine hongroise.)*
— Ce chou est-il frais ? *(Référence à une opposition entre chou frais et chou fermenté.)*
— Est-ce qu'il y a des amandes ?
— Est-ce qu'il y a des prunes ? *(Référence au szilvásgombóc, dessert hongrois composé d'une prune enrobée de pâte molle et de chapelure.)*
— Est-ce qu'il y a un *bavátfüle* ? *(Gâteau plat fourré aux fruits ou à la confiture.)*

2. Exemples de questions qui cherchent davantage à intercepter le cadre des références propres à celui qui est interrogé :
— Y a-t-il des éléments crus ? Cuits ?
— Ces produits se consomment-ils chauds ? Froids ?
— Y a-t-il des éléments salés ? Sucrés ?
— A quel moment de l'année, du mois, de la journée se consomment-ils ?
— Sont-ils caractéristiques d'une région, d'un milieu social, d'une communauté religieuse ?
— Se consomment-ils isolément, simultanément, avec (à l'exclusion de) certains aliments particuliers ?
— S'agit-il d'une cuisine traditionnelle ou de nouveaux modes de consommation alimentaires ?

Ce second volet de questions maîtrise davantage que le premier les effets de l'ethnocentrisme [1]. En s'appuyant sur un réseau d'oppositions et en recherchant des règles de compatibilité et d'incompatibilité on a davantage de chances de capter le critère non significatif dans la culture maternelle de celui qui interroge mais qui peut être décisif dans la culture étrangère que l'on veut connaître [2].

---

1. Voici les informations qu'une douzaine d'informateurs colombiens considéraient comme importantes :
— Le *tamal* se mange, servi chaud, au petit déjeuner ou au repas du soir suivi de chocolat liquide et de fromage. Le *tamal* est perçu comme étant une nourriture régionale (départements de Santander et d'Antioqua).
— La consommation de l'*arepa* n'est pas associée à un moment particulier de la journée. Elle peut parfois être achetée et consommée dans la rue. Le mode de consommation de l'*empanada* est perçu comme équivalent de celui de l'*arepa*.
— La consommation des *bunuelos* est associée à une période précise de l'année, proche de la fête de Noël. D'après certains informateurs, il s'agit plus précisément des neuf jours de recueillement religieux précédant le jour de Noël *(novena de los aguinaldos)*. Sa consommation est associée, dans ce cas, aux soirées de prières et à un autre plat *(natilla)* caractéristique de ce moment de l'année.
2. Sur les prolongements pédagogiques de cette réflexion, cf. chapitre 4 : 1.4.1. Les malentendus culturels.

recherchent d'abord le plaisir des retrouvailles avec eux-mêmes, la permanence de leur vision du monde. Toute perception de la différence tend à s'inscrire dans un discours conservateur, dans une quête narcissique de l'identité maternelle, dans un système dont la cohérence exclut une échappée vers ce qui ne la renverrait pas à sa propre image.

La classe de langue doit être le lieu où ces mécanismes d'analyse doivent être remis en cause, où d'autres modes de relation entre cultures maternelles et étrangères doivent être proposés.

Le problème posé à partir de l'exemple ci-dessus peut être généralisé : l'interrogation empirique sur des faits culturels étrangers non identifiés se fait a priori à travers les références de la culture maternelle. La bonne volonté et la curiosité spontanées peuvent s'avérer insuffisantes si les questions ne sont pas pertinentes, si elles utilisent une grille de lecture inadaptée aux faits sur lesquels elles portent. Une démarche naïve de questionnement qui se donne explicitement comme une ouverture sur l'altérité peut contenir les raisons de son échec si elle véhicule une vision du monde inadaptée au contexte donné. La prise de conscience, à partir d'exemples ponctuels, des lectures imposées par la culture maternelle peut sensibiliser les élèves de la classe de langue étrangère aux difficultés plus générales du décodage de la différence.

L'évidence naïve qui transforme un fait contingent en valeur absolue constitue le premier obstacle à une connaissance maîtrisée de la culture étrangère. Paradoxalement, les connaissances acquises empiriquement dans la culture maternelle interfèrent directement dans la saisie de la culture étrangère. L'initiation à l'apprentissage d'une langue étrangère doit entraîner les élèves à la perception de ces phénomènes qui conditionnent la vision orientée d'une culture, connaissances empiriques et partiales qui sont, en fait, également méconnaissance.

2.2. L'expérience en question

L'expérience culturelle du natif est largement valorisée lorsque des francophones (essentiellement des Français) sont mis en scène dans les manuels, lorsqu'il va de soi que le cours de civilisation revient de droit au(x) Français en poste dans l'établissement scolaire. **L'informateur natif est-il toujours le mieux placé pour rendre compte de sa culture ?**

La connaissance acquise au sein de la communauté maternelle, l'expérience implicite du monde font que les schémas de pensée sont inexplicables du fait même qu'ils n'ont jamais été présentés comme objets nécessitant une explication. Les membres d'un groupe ne savent pas complètement ce qu'ils font dans la mesure où ils ne se sont pas approprié leur mode de jugement par une activité objective. Ils ne sont pas mieux placés qu'un observateur extérieur pour appréhender ce qui règle réellement leurs références, ils en ont une connaissance pratique qui leur permet de répondre en actes aux contraintes de telle ou telle situation, mais ils ne sont pas capables de reconstituer l'ensemble des réponses qui constitue leurs styles de vie.

Comme le remarque P. Bourdieu, le sens pratique relève d'un ensemble de savoir-faire dont on ne peut attendre de leur propriétaire une description exhaustive :

« De même que l'enseignement du tennis, du violon, des échecs, de la danse ou de la boxe décompose en positions, en pas ou en coups, des pratiques qui intègrent toutes ces unités élémentaires de comportement, artificiellement isolées, dans l'unité d'une pragmatique organisée et orientée, de même les informations tendent à livrer soit des normes générales (toujours assorties d'exceptions), soit des coups remarquables [1]. »

Ainsi, le péremptoire *il faut y être né pour comprendre* ne garantit pas la perception maîtrisée et objective d'une réalité culturelle. Tout au plus fournit-il un mode d'entrée spécifique et lacunaire. Les participants d'une culture ne sont pas entraînés à objectiver, expliquer et systématiser ce qui codifie leur vision du monde. On peut donc penser que le rôle de l'informateur natif est plutôt surestimé, ou tout au moins que son expérience n'est pas analysée pour ce qu'elle a à la fois de relatif et de partiel. L'expérience et la familiarité que peut avoir un informateur natif avec les références culturelles propres à sa communauté, ne garantissent en aucune façon la pertinence du travail d'observation et de description qu'il pourrait avoir fait. Seule une démarche prenant en compte les effets d'interprétation arbitraires propres aux apprentissages de la culture maternelle peut transformer en objet d'analyse ce qui n'est, sinon, qu'un objet d'expérience. Cette condition constitue un *a priori* dans les directions de travail présentées ici.

2.3. Du point de vue à l'objectivité

Il est reconnu qu'une trop grande distance par rapport aux faits culturels est source de méconnaissance : on ne peut parler que d'une culture que l'on a approchée. Il est moins couramment admis qu'un excès de proximité nuit également à la saisie objective d'une réalité culturelle. Tout discours contient le point de vue de celui qui l'énonce. « Il n'y a pas d'objet qui n'engage un point de vue, s'agirait-il de l'objet produit dans l'intention d'abolir le point de vue », remarque Pierre Bourdieu [2]. La remarque se rapporte au milieu décrit — l'université française des années 1970 — auquel appartient l'auteur. Elle s'applique dans

---

1. P. Bourdieu, *le sens pratique.* Paris, Éditions de Minuit (1980), « Le Sens commun », p. 174.

2. P. Bourdieu, *Homo Academicus.* Paris, Éditions de Minuit (1984), p. 17 (cf. également p. 11).

toute sa rigueur à l'enseignant non français qui, après un contact de courte, moyenne ou longue durée, rend compte en classe de la réalité française (ou francophone). Dans la relation qu'il en fera à ses élèves, en quoi sa description reste-t-elle dépendante de son expérience singulière et partiale ? Un séjour de boursier ou de touriste, une expérience d'homme ou de femme, des origines provinciales ou parisiennes, un contact en milieu rural ou urbain, des amis étudiants ou aux prises avec la vie professionnelle sont pour l'enseignant de français langue étrangère autant de variables qui peuvent intervenir dans sa perception des faits culturels français. Faute d'être reconnue et analysée comme un point de vue spécifique, l'opinion se transforme en jugement absolu : « les Français sont... ». Ces jugements à l'emporte-pièce, si fréquents dans la conversation quotidienne, sont autant de lampes rouges qui signalent l'erreur de méthode. L'abus consiste à transformer une expérience individuelle en vérité générale, un abus dont P. Bourdieu dénonce les risques pour le sociologue :

« Parmi les présupposés que le sociologue doit au fait qu'il est un sujet social, le plus fondamental est sans doute le présupposé de l'absence de présupposés qui définit l'ethnocentrisme ; c'est en effet lorsqu'il s'ignore comme sujet cultivé d'une culture particulière et qu'il ne subordonne pas toute sa pratique à une mise en question continue de cet enracinement, que le sociologue (plus que l'ethnologue) est vulnérable à l'illusion de l'évidence immédiate ou à la tentation d'universaliser inconsciemment une expérience singulière [1]. »

Tentation tout aussi présente pour l'enseignant dont la parole est, dans certains contextes scolaires, synonyme de vérité. L'expérience d'un contact personnel avec la culture étrangère enseignée ne peut être validée que si l'enseignant sait reconnaître et éviter les pièges de l'ethnocentrisme.

A quel prix peut-on réaliser une description objective de la réalité étrangère ? Est-ce en réduisant le point de vue individuel à un point de vue comme un autre ? On aboutit alors à une vision du monde éclatée où tous les partis pris se valent puisque la relativité absolue est de règle. Vision volontariste et intellectuelle que contredit la réalité des échanges sociaux. Une communauté culturelle construit son identité sur la base d'un rapport de force avec l'autre, mettant en place, à travers la circulation des implicites culturels, des moyens d'autant plus efficaces qu'ils sont discrets pour exclure ceux qui ne partagent pas ces implicites et pour mettre hors la loi la différence culturelle. Remarquons que devant l'excision des petites filles pour certains, la consommation des cuisses de grenouilles ou de cervelles de singes vivants pour d'autres, la relativité absolue des points de vue reste un argument... de salon.

---

1. P. Bourdieu, J.-C. Chamboredon, J.-C. Passeron, *Le Métier de sociologue*. Paris, Mouton (1973), p. 27.

Faut-il imaginer la description du monde social comme l'addition de tous les points de vue qui en sont constitutifs ? La qualité objective de la description se trouverait alors assurée par la prise en compte de la totalité des subjectivités et des partis pris. Cet *a priori* de travail s'appuie cette fois sur le postulat d'un minimum constitutif, d'un substrat commun à la diversité des opinions et des pratiques, caractéristique d'un ensemble plus vaste qui, dans le cas particulier de la classe de langue, serait constitué de la communauté nationale dans son ensemble[1]. La recherche de l'unité fondamentale d'une nation est un postulat pédagogique séduisant mais qui se heurte à deux écueils méthodologiques ; d'une part l'existence d'un arbitre impartial qui distingue dans la diversité des partis pris quels sont les principes communs à un ensemble désigné arbitrairement comme homogène ; d'autre part, cette conception de la description des faits culturels n'intègre pas le rapport de forces qui fonde la différence entre un groupe socioculturel et un autre. Ces modalités de description excluent toute interrogation sur le point de vue adopté par celui-là — auteur ou enseignant — qui les met en scène et sur la façon dont est construite la réalité proposée.

2.4. L'acquisition des références

Le problème de l'acquisition des références pertinentes dans une culture étrangère a été déjà débattu dans la classe de langue et souvent jugé comme essentiel[2]. Quels savoirs, quels contenus enseigner à l'étranger qui les ignore faute d'avoir disposé du lent et minutieux dispositif d'apprentissage du natif ? Cet apprentissage est souvent réduit à l'assimilation des contenus scolaires — informations assimilées pour les besoins de la réussite scolaire, parfois insuffisamment mises en relation avec une pratique concrète de la culture étrangère (lecture de documents, contacts avec des francophones). En quoi ce savoir se révèle-t-il insuffisant ?

Dans l'appréhension d'une culture étrangère, la position de l'étranger semble avoir quelques points communs avec celle de l'autodidacte aux prises avec un savoir scolaire.
Dans les deux cas, il s'agit :
— d'un savoir dont la constitution est indépendante de l'expérience personnelle de l'apprenant. De ce fait, il apparaît comme arbitraire et il est donc imprévisible. Les processus de déduction, le classement des savoirs nouveaux par rapport aux acquis antérieurs peuvent être hasardeux. L'enchaînement d'une séquence avec la suivante est ignoré. Le mode d'acquisition des connaissances le plus sécurisant se fait donc par accumulation,

---

1. Cf. chapitre 3 : 1.3. L'individu moyen, une fiction pédagogique.
2. Cf. J.-C. Beacco, S. Lieutaud, *Mœurs et Mythes*. Paris, Hachette/Larousse (1981). Préface de F. Debyser.

addition de savoirs. C'est par la thésaurisation que l'on peut se voir contraint à un éclectisme forcé, à une quête inépuisable de connaissances disparates ;
— d'un jeu truqué dès le départ puisque l'enjeu réel n'est pas la constitution *in extenso* d'un texte social dont il n'existe nulle version intégrale, même pour les autochtones.

Or la compétence culturelle du natif consiste plutôt dans la mise en rapport de ces savoirs antérieurs avec le vécu immédiat, dans cette capacité d'évaluer intuitivement le savoir supposé nécessaire à une situation donnée, et de solliciter dans le lot de ses références disponibles celles qui seront susceptibles d'être les plus adéquates au contexte immédiat. La compétence culturelle n'est donc pas, dans ce cas, une addition de savoirs, mais plutôt la familiarité avec un nombre réduit de connaissances, limitées à une expérience plus ou moins riche du monde. Cette familiarité de l'autochtone s'accompagne d'une certaine assurance : même si l'identification des référents implicites est incomplète, le message peut se révéler lisible dans la mesure où il n'y a pas, posée en préalable, une quête forcenée du sens. Par contre, l'étranger n'est pas en mesure, la plupart du temps, de distinguer entre une opacité partielle — et non rédhibitoire — et une opacité totale du sens. Pour l'étranger, sa compétence culturelle, si avancée soit-elle, est *a priori* lacunaire. Le natif a moins de chances de se trouver confronté à une lacune aberrante dans la mise en place de sa compétence culturelle. Celle-ci est un espace continu et homogène dans la mesure où elle s'est constituée en se confrontant sans cesse à une expérience pratique du monde, en jouissant de cet atout exclusif qu'est le temps.

Un second point distingue la compétence culturelle de l'autochtone de celle de l'étranger. La première est toujours socialement située, elle est donc spécifique et représente un point de vue particulier par rapport à l'ensemble de la communauté. Elle est préadaptée à un milieu dont les caractéristiques sont relativement stables. L'apprentissage culturel consiste à maîtriser un nombre répertorié de situations : les cas de dysfonctionnement entre compétence culturelle et situation sont ainsi réduits au minimum.

Par contre, les schèmes de perception et d'appréciation de l'étranger sont au départ inadéquats, impropres à éviter les situations de crise : ils ne peuvent *a priori* opérer la conversion d'une situation obscure en une situation maîtrisable. De plus, l'étranger sera très vite sollicité par la communauté d'adoption et aura à se situer socialement. Il serait illusoire de croire qu'il vient d'un ailleurs vierge de toute référence sociale mais il a à évaluer son système de références par rapport aux systèmes en usage dans sa communauté d'adoption, et à se déterminer par rapport à ceux-ci. Il doit explorer des situations complexes — se repérer dans l'éventail social, trouver les stratégies adéquates pour s'y faire reconnaître — sans bénéficier de ces outils d'analyse du quotidien qui façonne et valorise la communauté.

2.5. L'étranger, un observateur pas comme les autres

La compétence culturelle — même optimum — de l'étranger est différente par nature de celle de l'autochtone. C'est entretenir une illusion que de fixer comme objectif pédagogique une compétence culturelle identique à celle disponible pour les membres de la culture cible. Ce serait ignorer :

— que l'étranger dispose d'un savoir antérieur à son arrivée dans la culture seconde, et que celui-ci ne peut faire l'objet d'une amnésie volontaire ;

— qu'il a à se situer socialement dans cette communauté adoptive, ce qui requiert une adhésion à un certain nombre de références. Cette adhésion ne doit pas être singerie, copie vide de sens d'un ensemble de comportements, mais évaluation de la conformité ou de l'inadéquation des valeurs de sa culture d'origine par rapport aux modèles proposés.

L'étranger dispose d'un point de vue spécifique sur la culture étrangère. En quoi ce point de vue peut-il être privilégié ?

Dans le jeu des pratiques sociales de la culture seconde, l'étranger peut entrer par choix, voire même par jeu. Il court-circuite le travail d'insertion sociale, passage obligé de tout membre d'une communauté ; il n'est pas systématiquement soumis à cette vision du monde fabriquée et institutionnalisée. Elle lui apparaît même d'autant plus aléatoire qu'elle peut être en dissonance avec sa propre construction du monde.

L'étranger, nouveau venu dans un pays, peut ainsi « voir » des pratiques invisibles aux yeux des natifs. Il entraîne, par exemple, ses hôtes à adopter en ville un itinéraire qui leur est inconnu, les détournant de leur trajet familier. Si le premier séjour en contexte étranger est très souvent source de déconvenues et de malentendus, c'est aussi le moment où l'étranger, riche de la vision du monde construite dans son contexte maternel, perçoit des indices qu'un autochtone ne reconnaît pas.

Cette inadéquation entre le système de référence originel et le donné qui lui est soumis, peut certes aboutir à des analyses aberrantes, à des jugements de valeur grossièrement formulés, à des attributions de sens erronées, à des décodages ignorant le contexte. Pourtant ce point de vue est privilégié dans la mesure où il induit la contingence, la relativité de tout système de valeurs en place. Il est le point précis où peut se produire une rupture épistémologique. L'étranger, en étant celui qui ne participe pas de la connivence générale, devient un observateur particulier. Il est dans cette position limite qui lui fait appréhender le réel dans les conditions rendant possible une objectivité maximale.

En étant hors-jeu, il peut, s'il est observateur habile et perspicace, découvrir les règles du jeu en cours. En se dégageant des contraintes, il se place délibérément à l'extérieur de la complicité des partenaires. Il peut être celui qui rompt l'évidence, celui qui met à plat la donne de chacun parce qu'il n'en est pas le partenaire. Il peut apprendre à profiter de son exclusion volontaire pour reconstituer, de son point de vue, l'ensemble du champ qu'il observe.

2.6. Faire des classements

Le rôle que l'on peut donc assigner à la classe de langue est de comprendre, à travers la découverte de la culture maternelle et étrangère, les mécanismes qui entraînent l'appartenance à toute culture. En entraînant les élèves à percevoir non seulement la logique et l'ordre de systèmes culturels différents, mais aussi les mécanismes qui engendrent une adhésion aveugle à leurs valeurs, l'école peut prétendre accomplir une de ses missions éducatives. Il importe dans ce cas de sensibiliser les élèves à la relativité des taxinomies mises en œuvre pour penser le monde dans des cultures différentes. Il ne s'agit pas de s'arrêter à la réflexion menée de longue date par les lexicologues montrant que le lexique d'une langue est d'autant plus riche, dans un champ sémantique donné, que ce domaine se trouve valorisé par la culture en question.

Si ce volet de recherches est loin d'être négligeable pour une éducation à la relativité parce qu'il sensibilise à la relativité de la perception, il demande aussi à être complété par une prise de conscience chez les élèves des enjeux sociaux et culturels des principes de division du monde. Si la réflexion sur le lexique permet de faire comprendre que selon les cultures, la banane par exemple peut être classée soit comme un fruit, soit comme un légume, une prise de conscience des enjeux culturels permet de comprendre que le classement véhicule un palmarès, une hiérarchie de valeurs sensible à travers « le réseau des oppositions entre haut (ou sublime, élevé, pur) et bas (ou vulgaire, plat, modeste), spirituel et matériel, fin (ou raffiné, élégant) et grossier (ou gros, gras, brut, brutal, fruste), léger (ou subtil, vif, adroit) et lourd (ou lent, épais, obtus, laborieux, gauche), libre et forcé, large ou étroit, ou, dans une autre dimension, entre unique (ou rare, différent, distingué, exclusif, exceptionnel, singulier, inouï) et commun (ou ordinaire, banal, courant, trivial, quelconque), brillant (ou intelligent) et terne (ou obscur, effacé, médiocre) [1]. »

La participation d'un individu à une communauté culturelle se manifeste par la reconnaissance tacite des principes de division auxquels adhèrent tous ses membres. Ces principes de division se trouvent souvent institutionnalisés : c'est l'examen ou le diplôme qui délimite la frontière entre celui qui est admis et celui qui ne l'est pas. C'est le mariage qui consacre la relation particulière qui unit un homme et une femme, c'est le baptême qui marque l'appartenance à une communauté religieuse, c'est l'adhésion à un parti qui signifie que l'on est dedans et non dehors, c'est l'internement en prison qui marque la frontière entre la délinquance et la normalité, etc. Bien que situées sur des plans très différents, les institutions religieuses, morales, politiques livrent explicitement certains de leurs critères de classement. Leur repérage est relativement aisé pour l'étranger quand ces

---

1. P. Bourdieu, *La Distinction*. Paris, Éditions de Minuit (1979), p. 546.

critères se trouvent énoncés (par exemple, dans les formulaires administratifs : «marié», «veuf», «divorcé», «séparé», autant de catégories qui sont loin d'être universelles !). L'étranger a toutes les chances d'être hors-jeu lorsque ces critères de classement sont invoqués sans être expliqués : il doit donc se préparer à ce type de situation. En donnant les règles du jeu à celui qui y est extérieur, celui qui rompt la connivence exclusive entre les membres d'une communauté s'expose à des sanctions sociales. Son acte peut être interprété comme une trahison ou un règlement de compte et aboutir à sa propre exclusion. Un ancien ministre rendant explicites les règles implicites du gouvernement auquel il a participé peut ainsi être accusé de «vendre la mèche» :

«Cette situation m'a enseigné que, si bien informé que l'on soit, cette comédie est impénétrable à qui n'y a, pour sa part, participé.

En est-on — on se tait, par force.

En sort-on — on se tait par espoir d'y retrouver un rôle. Ou par crainte des représailles.

En tout cas, il y a connivence. Donc silence, observé généralement jusqu'à ce qu'il puisse être rompu sans porter ombrage à ceux qui disposent du pouvoir d'État[1].»

Les enjeux ne sont pas toujours de cette importance. Mais on peut remarquer que plus le partage de l'implicite conditionne l'existence du groupe, plus l'informateur a de chances d'être perçu comme un dénonciateur et plus l'étranger aura de difficultés à être associé à la connivence générale.

Au sein d'un même groupe, peuvent coexister principes de classement officialisés et implicites[2]. En connaissant les premiers exclusivement ou les premiers et les seconds, l'étranger manifeste son degré d'intimité avec le groupe culturel en question et par là même son degré d'exclusion ou d'insertion. Plus l'étranger aura conscience des critères implicites de classement qu'il utilise dans sa «culture maternelle», plus il sera capable d'objectiver les principes implicites de division du monde en œuvre dans le ou les groupes socio-culturels qu'il a à rencontrer dans la culture étrangère.

---

1. F. Giroud, *La comédie du pouvoir*. Paris, Fayard (1977), Le Livre de Poche n° 5204, p. 7, avant-propos.
2. Par exemple, au sein de l'université française : «Les positions de pouvoir ("doyen") ou d'autorité ("membre de l'Institut"), les titres universitaires ("ancien élève de l'École normale supérieure"), ces termes de référence officiels, connus et reconnus de tous, allant souvent de pair avec des termes d'adresse ("Monsieur le Professeur", "Monsieur le Doyen", etc.), aux propriétés qui, quoique institutionna-lisées, sont peu utilisées dans les classements officiels de l'existence quotidienne, comme la direction d'un laboratoire, l'appartenance au conseil supérieur de l'Université ou aux jurys des grands concours, et enfin [...] tous les indices, souvent insaisissables pour l'étranger qui définissent ce que l'on appelle le "prestige", c'est-à-dire la position dans les hiérarchies proprement intellectuelles ou scientifiques.» P. Bourdieu *Homo Academicus*. Paris, Éditions de Minuit (1984), p. 20.

Pour éviter un décodage naïf — à la lettre — de la culture étrangère, il est bon de savoir que «l'ordre des mots ne reproduit jamais strictement l'ordre des choses [1]». De même que l'organigramme d'une entreprise — qui systématise pourtant les principes de hiérarchie de cette communauté — ne rend pas toujours compte des relations de pouvoir effectives (un sous-chef peut cumuler plus de prestige ou plus de pouvoir que son chef), de même la lecture des règles particulières qui régissent toute communauté spécifique exige que distinction soit faite entre l'ordre explicite et l'ordre implicite des choses. Mettre en relief les discordances possibles entre l'un et l'autre ne signifie pas que l'ordre implicite soit plus «vrai» que l'ordre explicite, ce qui relèverait d'une conception manichéiste du monde où le vrai et le faux auraient une existence absolue. L'objectivation des principes différents qui structurent une même réalité, s'obtient en les mettant en relation avec le degré de reconnaissance sociale dont bénéficient ceux qui les énoncent. Par exemple, si des blancs peuvent trouver pertinente l'opposition entre gens de couleur noire et gens de couleur blanche, les métis peuvent la trouver réductrice, voire infamante : ce principe de division de la réalité raciale leur ôte toute spécificité, nie une des propriétés de leur identité, à savoir leur mixité de fait. Autre exemple, pris cette fois dans une communauté de taille plus réduite : une entreprise. Le directeur pourra exclure symboliquement un chef d'atelier des postes de direction en ne l'associant pas à une prise de décision, mais il pourra reconnaître sa qualité de chef des ouvriers en lui donnant par exemple la parole à ce titre, dans une autre occasion. Plus que le principe de division lui-même, c'est l'appartenance sociale et culturelle de celui qui le met en œuvre qui est pertinente. Les principes de classement sont toujours corrélés à la position de celui qui les produit dans l'espace social et culturel.

3. TROIS LIGNES DIRECTRICES

Il appartient maintenant d'examiner les prolongements didactiques de ce cadre de réflexion. La démarche proposée ici s'appuie sur trois lignes directrices.

3.1. L'incommunicabilité relative entre membres de cultures différentes

A partir des deux derniers exemples cités ci-dessus, le lecteur peut déjà être sensible à l'importance des enjeux sociaux et culturels investis dans le découpage et le classement de la réalité. L'organisation du monde est directement liée aux problèmes d'identité. Blancs, métis, noirs, ou directeurs, contremaîtres, ouvriers, peuvent manifester, par les classements qu'ils utilisent, leurs conflits aigus d'intérêts et les malentendus latents. Il peut

---

1. P. Bourdieu, *op. cit.* (1979), p. 560.

sembler paradoxal de situer l'approche d'une culture étrangère à partir d'une réflexion sur l'incommunicabilité. Mais il vaut mieux ne pas confondre le but recherché et les moyens disponibles, la logique des souhaits et des bonnes paroles et celle des faits.

La moralisation dans ce domaine est certainement l'un des pièges les plus tentants, surtout dans un contexte scolaire. L'expression «dialogue des cultures», qui induit une relation non conflictuelle entre cultures différentes, ou des réflexions s'appuyant sur des formules du type «concilier la fidélité à soi et l'ouverture aux autres» expriment davantage une bonne volonté qu'une réalité scientifiquement possible. A la lecture du passage ci-dessous, de Claude Lévi-Strauss, on peut donc mesurer la marge de manœuvre possible en classe de langue. Elle est étroite,

TEXTE DE RÉFÉRENCE

En second lieu, je m'insurgeais contre l'abus de langage par lequel, de plus en plus, on en vient à confondre le racisme défini au sens strict et des attitudes normales, légitimes même, et en tout cas inévitables. Le racisme est une doctrine qui prétend voir dans les caractères intellectuels et moraux attribués à un ensemble d'individus, de quelque façon qu'on le définisse, l'effet nécessaire d'un commun patrimoine génétique. On ne saurait ranger sous la même rubrique, ou imputer automatiquement au même préjugé l'attitude d'individus ou de groupes que leur fidélité à certaines valeurs rend partiellement ou totalement insensibles à d'autres valeurs. Il n'est nullement coupable de placer une manière de vivre et de penser au-dessus de toutes les autres, et d'éprouver peu d'attirance envers tels ou tels dont le genre de vie, respectable en lui-même, s'éloigne par trop de celui auquel on est traditionnellement attaché. Cette incommunicabilité relative n'autorise certes pas à opprimer ou détruire les valeurs qu'on rejette ou leurs représentants, mais, maintenue dans ces limites, elle n'a rien de révoltant. Elle peut même représenter le prix à payer pour que les systèmes de valeurs de chaque famille spirituelle ou de chaque communauté se conservent, et trouvent dans leur propre fonds les ressources nécessaires à leur renouvellement. Si, comme je l'écrivais dans *Race et histoire*, il existe entre les sociétés humaines un certain optimum de diversité au-delà duquel elles ne sauraient aller, mais en dessous duquel elles ne peuvent non plus descendre sans danger, on doit reconnaître que cette diversité résulte pour une grande part du désir de chaque culture de s'opposer à celles qui l'environnent, de se distinguer d'elles, en un mot d'être soi ; elles ne s'ignorent pas, s'empruntent à l'occasion, mais, pour ne pas périr, il faut que, sous d'autres rapports, persiste entre elles une certaine imperméabilité.

C. Lévi-Strauss, *Le Regard éloigné*. Paris, Plon (1983), p. 15.

ce qui ne signifie pas pour autant qu'elle est inexistante. Reconnaître comme principe initial de travail qu'il existe une certaine imperméabilité entre cultures différentes, c'est s'assurer une prise sur un concret observable en évitant les propos quelquefois trop complaisants dictés par des enjeux politiques. Si l'on reprend cette définition de la culture donnée par Lévi-Strauss :

«Une culture consiste en une multiplicité de traits dont certains lui sont communs, d'ailleurs à des degrés divers, avec des cultures voisines ou éloignées, tandis que d'autres les en séparent, de manière plus ou moins marquée [1]. »

On comprend que pour un individu découvrant, dans la réalité des faits, une culture étrangère, la mise en relation de deux cultures entraîne une redéfinition de l'identité maternelle, la reconnaissance positive ou négative des différences, la production de jugements de valeur qui impliquent, dans la diversité des pratiques, la supériorité ou l'infériorité d'une culture par rapport à une autre.

3.2. L'apprentissage de la relativité

Dans la découverte d'une culture étrangère, l'individu se mesure à un double obstacle : apprendre à percevoir les implicites autour desquels s'organisent les communautés (nationale, locale, sociale...) auxquelles il appartient. Il est illusoire d'exiger qu'il en perçoive la totalité. Il importe plutôt qu'il en conçoive le fonctionnement en perçant la frontière imposée par la communauté étrangère, en en décodant les implicites. La pratique d'une culture étrangère constitue un jeu incessant entre le dedans et le dehors, l'intérieur et l'extérieur d'une communauté. C'est dans cet espace interstitiel que se situe l'apprentissage de la relativité.

L'observation d'une culture dépend moins de ses caractéristiques que de la position qu'adopte celui qui observe par rapport à l'objet observé. Comme le montre le texte de Lévi-Strauss, le regard qui reste systématiquement extérieur à la culture étrangère est brouillé par les références de la culture maternelle. **Pour dépasser les effets de l'ethnocentrisme, il faut apprendre à juguler la hantise de l'inconnu et du vide, à maîtriser les démarches d'autonomie.** La connaissance d'une culture étrangère ne se situe pas exclusivement sur le plan intellectuel, elle doit aussi s'instaurer à travers une relation impliquante entre l'individu et les pratiques étrangères.

Il y a bien des façons de s'impliquer personnellement dans cette découverte : on peut y entrer par jeu pour vivre à l'essai une nouvelle identité, par défi pour découvrir ses propres limites ; on peut en faire une aventure temporaire, le temps d'un voyage touristique ou d'une bourse d'étude, ou une expérience pro-

---

1. C. Lévi-Strauss, *op. cit.* (1983), pp. 39 et 17.

longée sur plusieurs années ; on peut envisager une relation plus ou moins étroite avec la culture étrangère : à des fins uniquement professionnelles pour multiplier les sources d'information (pour lire les analyses de la presse étrangère sur son propre pays), ou privées (pour fonder un couple mixte). Enfin le contact avec la culture étrangère n'implique pas systématiquement le voyage : on peut chercher à rencontrer la communauté francophone sur place. Il importe que l'élève soit en mesure un jour de s'approprier sa relation à la culture étrangère. En étant sensibilisé à la variété des contacts possibles, il a plus de chances d'établir une relation originale et personnelle avec la réalité étrangère. Si la démarche et les documents utilisés dans la classe encouragent cette prise de conscience, les processus d'acculturation et de déculturation vis-à-vis de la culture étrangère peuvent davantage être maîtrisés.

TEXTE DE RÉFÉRENCE

(...) La richesse d'une culture, ou du déroulement d'une de ses phases, n'existe pas à titre de propriété intrinsèque : elle est fonction de la situation où se trouve l'observateur par rapport à elle, du nombre et de la diversité des intérêts qu'il y investit. En empruntant une autre image, on pourrait dire que les cultures ressemblent à des trains qui circulent plus ou moins vite, chacun sur sa voie propre et dans une direction différente. Ceux qui roulent de conserve avec le nôtre nous sont présents de façon plus durable ; nous pouvons à loisir observer le type des wagons, la physionomie et la mimique des voyageurs à travers les vitres de nos compartiments respectifs. Mais que, sur une autre voie oblique ou parallèle, un train passe dans l'autre sens, et nous n'en apercevons qu'une image confuse et vite disparue, à peine identifiable, réduite le plus souvent à un brouillage momentané de notre champ visuel, qui ne nous livre aucune information sur l'événement lui-même et nous irrite seulement parce qu'il interrompt la contemplation placide du paysage servant de toile de fond à notre rêverie.

Or, tout membre d'une culture en est aussi étroitement solidaire que ce voyageur idéal l'est de son train. Dès la naissance et — je l'ai dit tout à l'heure — probablement même avant, les êtres et les choses qui nous entourent montent en chacun de nous un appareil de références complexes formant système : conduites, motivations, jugements implicites que, par la suite. l'éducation vient confirmer par la vue réflexive qu'elle nous propose du devenir historique de notre civilisation. Nous nous déplaçons littéralement avec ce système de référence, et les ensembles culturels qui se sont constitués en dehors de lui ne nous sont perceptibles qu'à travers les déformations qu'il leur imprime. Il peut même nous rendre incapables de les voir.

C. Lévi-Strauss, *Le Regard éloigné*. Paris, Plon (1983), p. 30.

3.3. La prise de conscience de l'identité

La classe de langue invite à une prise de conscience des mécanismes de l'identité : dans la confrontation avec l'autre, c'est une définition de soi qui se construit. Dans une fête à caractère international, on peut être ainsi convié à faire la preuve de son appartenance nationale : c'est l'une des situations où des adultes sont amenés à retrouver les chansons de leur enfance pour donner publiquement une image de leur pays [1].

Dans certains contextes scolaires, la réflexion sur l'identité nationale des élèves investit la classe de langue lorsque l'institution scolaire estime qu'elle doit prendre en charge une définition du rapport entre culture nationale et culture étrangère. Cette option éducative est repérable lorsque les personnages mis en scène dans les documents sont majoritairement de la même nationalité que les élèves. Le séjour à l'étranger, fiction souvent utilisée dans les manuels, met dans ce cas en scène des Français en visite dans le pays d'enseignement : le pays est ainsi implicitement valorisé comme pôle d'attraction du flux touristique. Cas extrême, ces manuels qui ne font que décrire en français la réalité nationale des élèves en mentionnant les institutions politiques, les réalisations technologiques ou culturelles les plus prestigieuses, etc. C'est l'un des cas où, dans le domaine culturel, le politique prend le pas sur le pédagogique. Si les options les plus extrêmes ont le mérite d'être explicites, on ne peut que remarquer que **toute mesure de «protectionnisme culturel» s'accompagne d'un égal souci de fermeture à la culture étrangère**.

Pour que cette réflexion ne soit pas exclusivement au service d'intérêts nationalistes, elle doit s'ouvrir sur une prise de conscience des mécanismes qui construisent l'homogène et le dissemblable, qui désignent l'identique et l'autre, qui instaurent une hiérarchie entre cultures. Il sera par exemple utile de sensibiliser les élèves, tôt dans l'apprentissage, au fait que «nous avons tendance à considérer les prétendues "races" les plus éloignées de la nôtre comme étant aussi les plus homogènes ; pour un blanc, tous les jaunes se ressemblent, et la réciproque est probablement vraie [2]». Dans la façon d'interpréter le rapport entre deux cultures, C. Guillaumin relève ce procédé qui mérite d'être systématiquement analysé en classe : on accorde «une forme de liberté dans la définition de soi-même qui n'est jamais reconnue "au minoritaire" [3]». En assimilant la culture étrangère à un système restreint et clos de références, on la définit de façon réductrice, procédé toujours perçu comme inacceptable lorsqu'il

---

1. «Sur le pont d'Avignon», «A la claire fontaine» ont encore une longue vie devant eux grâce aux voyages en autocar des groupes internationaux.
2. Lévi-Strauss, *op. cit.* (1983), p. 31.
3. C. Guillaumin, *L'Idéologie raciste. Genèse et langage actuel.* Paris, Mouton (1972), p. 196.

s'agit de la culture maternelle. Le rapport entre deux cultures s'ordonne souvent en fonction de deux couples de critères suffisamment présents pour qu'il vaille la peine d'entraîner les élèves à leur repérage : le particulier et le général ; le dominant et le dominé (ou le supérieur et l'inférieur, ou le majoritaire et le minoritaire). C'est donc en travaillant sur des procédés de mise en relation d'une culture avec une autre que peut s'établir en classe de langue, une réflexion sur l'identité.

2. Représentations du temps et de l'espace

Pratiquement absente de toute réflexion dynamique en français langue étrangère, l'histoire a disparu des manuels récents. En ces termes : « L'histoire a eu son heure d'importance ; aujourd'hui c'est plutôt la sociologie, l'anthropologie ou la sémiologie [1] », A. Reboullet rejetait une certaine définition de l'histoire pour la classe de langue, celle qui, sous l'influence du positivisme, privilégiait l'événement dans sa perception du fait historique. Quels sont les principes de cette « histoire historisante » ? Quelle alternative, pour la classe de langue, représente ce courant de recherche appelé la Nouvelle Histoire ?

1. QUELLE HISTOIRE ENSEIGNER ?

1.1. Histoire événementielle et Nouvelle Histoire

Dans un contexte positiviste, l'histoire choisit **l'événement** comme unité de base pour décrire la réalité observable. Ce souci louable de penser, en termes scientifiques, le rapport entre l'historien et son objet et de postuler « l'objectivité absolue », n'est cependant pas dénué d'a priori méthodologiques en contradiction avec le principe fondateur.
— Dans cette conception du fait historique dominent les **représentations politiques et institutionnelles du passé.** C'est une définition de l'histoire où les événements politiques, militaires, diplomatiques déterminent prioritairement la lecture du temps. Ce sont les hommes illustres qui font l'histoire.
— L'historien est garant de la crédibilité historique, autrement dit la connaissance du fait historique va de pair avec **une quête de la vérité.** Cette approche du fait historique valorise en fait le statut social de l'historien et en fait le dépositaire légitime de la vérité historique.
— Cette conception s'appuie sur **une définition restrictive du document historique.**

« Lorsqu'il traite de la recherche des documents, le manuel de Langlois et Seignobos [2] devient un guide pour le travail sur brochures et en bibliothèque et [...] lorsqu'il envisage les sciences auxiliaires de l'histoire, il ne s'attache (hors huit lignes consacrées à l'archéologie et à la numismatique) qu'à celles qui soutiennent la critique textuelle : la paléographie, la philologie, la diplomatique. Hors les textes, il n'est point d'histoire pensable [3]. »

---

1. A. Reboullet, *L'Enseignement de la civilisation*, in *Les Amis de Sèvres*. Sèvres, C.I.E.P. (1976), n° 83.
2. Maîtres de l'histoire positiviste (*Introduction aux études historiques*, 1898). Signalons également le manuel dirigé par Lavisse, *L'Histoire de France*, rédigé entre 1903 et 1910.
3. R. Chartier, article *Histoire positiviste* in *La Nouvelle Histoire*. Paris, Retz (1978), « La Bibliothèque du C.E.P.L. », p. 461.

Appliquée à la classe de langue, cette définition de l'histoire reconduit dans la relation enseignant/élève le rapport hiérarchique qui caractérise alors le statut de l'historien. Puisque l'opération d'interprétation est une question d'autorité scientifique, l'élève ne peut être que le réceptacle d'un discours magistral.

En bousculant ces principes, la **Nouvelle Histoire** propose une autre représentation de l'histoire et de l'historien. Identifié initialement à la revue Les Annales [1], ce courant a profondément bouleversé la démarche de l'historien, la conception de son objet d'étude, la notion de document historique. Le « Territoire de l'historien » [2] se modifie :

« Élargissement de l'histoire au-delà de ses anciennes marges, et, en même temps, retour à son domaine ancien qu'on croyait bien défriché : l'histoire relit aujourd'hui les documents utilisés par ses prédécesseurs, mais avec un regard neuf et une autre grille. Les thèmes fréquentés par les premiers ont été ceux qui étaient préparés par l'histoire économique et démographique : la vie du travail, la famille, les âges de la vie, l'éducation, le sexe, la mort, c'est-à-dire les zones qui se trouvent aux frontières du biologique et du mental, de la nature et de la culture [3]. »

Cette histoire n'est plus celle de quelques individus appartenant à une élite mais s'intéresse plutôt à l'**ensemble de la société.** On y parle du corps (histoire de l'alimentation, des maladies, de la contraception, de la mort). On cherche à décrire les structures familiales (structures de parenté, histoire de la femme, de l'enfant, des métiers...). Une histoire qui invite à une lecture non anecdotique de la vie quotidienne du passé.

1.2. La Nouvelle Histoire et la classe de langue

« Comprendre les différences », ce sous-titre pourrait être celui d'un ouvrage spécifiquement destiné à la classe de langue. Il est aussi celui de l'historien Philippe Ariès lorsqu'il décrit les caractéristiques de l'histoire des mentalités :

---

1. Créée en 1929 par Lucien Febvre et Marc Bloch avec l'appui de la maison d'édition A. Colin et de professeurs de l'université de Strasbourg (entre autres Maurice Halbwacks, Georges Lefebvre), la revue s'assigne deux objectifs prioritaires :
   « d'une part, il s'agissait de faire reculer l'"esprit de spécialité" qui faisait s'ignorer historiens, économistes et sociologues ou qui, à l'intérieur de l'histoire, cantonnait chacun dans son petit territoire », d'autre part, il s'agissait « d'organiser la rencontre entre disciplines non pas à coup d'articles de méthode, de dissertations théoriques » mais « par l'exemple et par le fait » (éditorial du premier numéro).
   J. Revel et R. Chartier, article Annales in La Nouvelle Histoire. op. cit. (1978), pp. 27-28.
2. Titre d'un ouvrage d'Emmanuel Le Roy Ladurie. Paris, Gallimard (1973), « Bibliothèque des Histoires ».
3. P. Ariès, L'Histoire des mentalités in La Nouvelle Histoire, op. cit. (1978), P. 417.

« Découvrir, c'est d'abord comprendre une différence. La compréhension est rare aujourd'hui entre les hommes de deux cultures contemporaines, nous ne le savons que trop, dans nos pays où les heurts de race, pour être feutrés, masqués, n'en sont pas moins fréquents. La compréhension est aussi difficile entre deux cultures éloignées dans le temps. [...] C'est donc d'abord par rapport à notre mentalité contemporaine qu'une culture nous apparaît comme autre [1]. »

TEXTE DE RÉFÉRENCE

NOUVELLE HISTOIRE ET INTERPRÉTATION

Lucien Febvre racontait une histoire que je rapporte ici de mémoire, sans la vérifier d'après le texte, parce que, telle qu'elle est restée dans mon souvenir, déformée, simplifiée, peu importe, elle m'a toujours paru une application frappante de l'idée difficile de mentalité... Au petit matin, le roi François Ier quittait le lit de sa maîtresse pour regagner incognito son château. Il passa alors devant une église juste au moment où les cloches sonnaient l'office. Ému, il s'arrêta pour assister à la messe et prier dévotement.

L'homme d'aujourd'hui, surpris par le rapprochement d'un amour coupable et d'une piété sincère, a le choix entre deux interprétations.

Première interprétation : la cloche du sanctuaire éveille chez le roi le repentir de son péché et il prie pour demander à Dieu pardon de la faute qu'il vient de commettre. Il ne peut être sans hypocrisie, dans le même temps, le pécheur de la nuit et le dévot du petit matin. En quoi il s'agit comme l'homme d'aujourd'hui, du moins l'homme d'une quelconque rationalité, qui n'a pas lu Dostoïevsky ou qui se méfie de Freud, le magistrat ou le juré des cours d'assises. Il est convaincu que la cohérence morale est naturelle et nécessaire. Les êtres chez qui elle se défait sont jugés anormaux et exclus de la société. Cette normalité est une valeur invariable ; à un certain niveau de profondeur et de généralité, la nature humaine ne change pas. Une telle interprétation sera celle d'un historien classique, tenté de reconnaître à toutes les époques et dans toutes les cultures — de moins civilisées et, *a fortiori,* chrétiennes — la permanence des mêmes sentiments.

L'autre interprétation est au contraire celle de l'historien des mentalités. Le roi était aussi spontanément et naïvement sincère dans ses dévotions que dans ses amours, et il ne sentait pas encore leur contradiction. Il entrait dans l'église comme dans le lit de sa maîtresse, avec la même fougue innocente. L'authenticité de sa prière n'était pas altérée par les relents de l'alcôve. L'heure du repentir viendra plus tard.

P. Ariès, *L'Histoire des mentalités* in *La Nouvelle Histoire,*
sous la direction de J. Le Goff. Paris, Retz, C.E.P.L. (1978), pp. 402-403.

---

1. *Ibid.,* pp. 419-423.

Si l'historien, à l'instar de l'enseignant de langue, se trouve confronté à l'interprétation d'une culture étrangère et situe son poste d'observation au carrefour des ressemblances et des différences culturelles, c'est pour s'interroger sur les conditions qui rendent scientifique l'interprétation des faits historiques. Les écueils sont nombreux : interpréter le passé à la lumière des références présentes (cf. texte ci-contre) ; prendre pour inédit ce qui n'est que résurgence d'un passé oublié (« L'histoire n'est pas seulement la différence, le singulier, l'inédit — ce que l'on ne verra pas deux fois. Et d'ailleurs l'inédit n'est jamais parfaitement inédit. Il cohabite avec le répété et le régulier [1]. »). Comme l'enseignant de langue, l'historien doit s'interroger sur les mécanismes qui peuvent faire déraper l'interprétation. **L'histoire événementielle qui met en valeur dans le passé les signes annonciateurs de la modernité contemporaine impose subrepticement une lecture orientée du temps, construite sur une foi dans le progrès scientifique et technique [2].** Pour les historiens de l'école des Annales, l'histoire ne doit servir, ni justifier, ni glorifier la modernité présente [3].

En cherchant à réduire les parasites qui brouillent l'interprétation des faits historiques, les nouveaux historiens posent explicitement les conditions du décodage culturel et en font le centre de leur démarche. Les conditions de l'observation sont non seulement posées pour l'historien lui-même, mais aussi pour le contemporain d'un fait historique.

« Les historiens parlent de "structure mentale", de "vision du monde", pour désigner les traits cohérents et rigoureux d'une totalité psychique qui s'impose aux contemporains sans qu'ils le sachent [4]. »

L'acteur ou le témoin direct d'un événement ne détient pas l'exclusivité de l'interprétation : les acteurs « font l'histoire, mais l'histoire les emporte [5] ».

« Dépasser l'événement, c'est dépasser le temps court qui le contient, celui de la chronologie, ou du journaliste [6]. » « Le niveau de l'histoire des mentalités est celui du quotidien et de l'automatique, c'est ce qui échappe aux sujets individuels de l'histoire parce que révélateur du contenu impersonnel de leur pensée, c'est ce que César et le dernier soldat de ses légions, Saint Louis et le paysan de ses domaines, Christophe Colomb et le marin de ses caravelles ont en commun [7]. »

---

1. F. Braudel, *Écrits sur l'histoire*. Paris, Flammarion (1969), p. 102.
2. Sur les ambiguïtés de cette notion dans le champ de la didactique des langues, cf. chapitre 3 : 2.2. Le document d'actualité et la valorisation du progrès.
3. Cf. P. Ariès *op. cit.* (1978), pp. 410 à 412.
4. P. Ariès, *op. cit.* (1978), p. 423.
5. F. Braudel, *op. cit.* (1969), p. 103.
6. F. Braudel, *op. cit.* (1969), p. 103.
7. J. Le Goff, *Faire de l'histoire, Nouveaux objets*. Paris, Gallimard (1974), tome III, p. 80.

Ces trois extraits montrent combien les nouveaux historiens sont unanimes : **l'observateur direct n'est pas conscient des grilles qui aménagent sa lecture de l'événement.** L'historien, par le recul que lui donne une analyse située dans la longue durée[1], peut restituer les héritages inconscients, les attitudes irréfléchies qui s'imposent comme évidentes dans la mentalité de l'époque.

« L'observateur d'aujourd'hui, s'il veut parvenir à une connaissance qui échappait aux contemporains, doit donc dilater son champ de vision et l'étendre à une durée plus longue que celle qui sépare deux grands changements successifs[2]. »

Comme l'étranger, l'historien doit aménager scientifiquement le dépaysement et doit transformer la distance culturelle en outil d'investigation scientifique[3]. Les implicites culturels autour desquels s'organise le consensus des témoins d'une époque sont à l'œuvre dans le document historique mais il appartient à l'historien de savoir les repérer et les organiser en un ensemble cohérent. Le travail explicatif consiste dans ce cas à prélever dans le quotidien du passé les significations enfouies pour ceux-là mêmes qui les ont partagées. L'historien, comme l'étranger extérieur à la culture qu'il observe, peut ainsi relativiser le point de vue des témoins directs et englober dans son analyse les significations implicites trop évidentes pour qu'elles puissent être objectivées par les contemporains de l'époque.

Les exigences méthodologiques ont infléchi la définition du matériau historique comme le montrent les extraits ci-contre. Quelles exigences peuvent partager, à ce titre, l'historien et l'enseignant de langue étrangère ?

« La découverte massive du document a fait croire à l'historien que dans l'authenticité documentaire était la vérité entière[4]. » Le piège de l'authenticité dénoncé en ces termes par F. Braudel est celui dans lequel sont tombés la plupart des historiens de

---

1. C'est le titre d'un célèbre article de Braudel, *Annales. Économies, sociétés, civilisations.* Paris, Colin (octobre-décembre 1958), pp. 725 à 753.
2. P. Ariès, *Essais sur l'histoire de la mort en Occident du Moyen Âge à nos jours.* Paris, Seuil (1975), p. 12, préface.
3. Les comparaisons entre la situation de l'historien et celle de l'étranger ne sont pas rares dans la réflexion théorique des nouveaux historiens.
« Vous butez au XVIᵉ siècle sur une étrangeté pour vous homme du XXᵉ. Pourquoi cette différence ? Le problème est posé. Mais je dirai que la surprise, le dépaysement, l'éloignement — ces grands moyens de connaissance — ne sont pas moins nécessaires pour comprendre ce qui vous entoure, et de si près que vous ne le voyez plus avec netteté. Vivez à Londres une année, et vous connaîtrez fort mal l'Angleterre. Mais, par comparaison à la lumière de vos étonnements, vous aurez brusquement compris quelques-uns des traits les plus profonds et les plus originaux de la France, ceux que vous ne connaissiez pas à force de les connaître. Face à l'actuel, le passé, lui aussi, est dépaysement. » F. Braudel, *op. cit.* (1958), p. 737.
4. F. Braudel, *op. cit.* (1958), p. 729.

LE DOCUMENT HISTORIQUE

Homme de métier, l'historien cherche d'abord ses matériaux. Où sont ceux de l'histoire des mentalités?

Faire de l'histoire des mentalités c'est d'abord opérer une certaine lecture de n'importe quel document. Tout est source pour l'historien des mentalités. Voici un document de nature administrative et fiscale, un registre de revenus royaux au XIIIe ou au XIVe siècle. Quelles sont les rubriques, quelle vision du pouvoir et de l'administration reflètent-elles, quelle attitude face au nombre révèlent les procédés de dénombrement? Voici le mobilier d'une tombe du VIIe siècle : des objets de parure (aiguille, bague, boucle de ceinturon), des monnaies d'argent dont une piécette placée dans la bouche du mort au moment de l'inhumation, des armes (hache, épée, lance, grand couteau), un paquet d'outils (marteaux, pinces, gouges, burins, limes, ciseaux, etc.) [16]. Ces rites funéraires nous renseignent sur les croyances (rite païen de l'obole à Charon, passeur d'au-delà), sur l'attitude de la société mérovingienne à l'égard d'un artisan revêtu d'un prestige quasi sacré : le forgeron-orfèvre (qui est aussi un guerrier), forgeur et manieur d'épée.

Cette lecture des documents s'attachera surtout aux parties traditionnelles, quasi automatiques des textes et des monuments : formules et préambules des chartes qui disent les motivations — vraies ou de façade — *topoi* qui sont l'ossature des mentalités.

....

Mais l'histoire des mentalités a ses sources privilégiées, celles qui, plus et mieux que d'autres, introduisent à la psychologie collective des sociétés. Leur inventaire est une des premières tâches de l'historien des mentalités.

Il y a d'abord les documents qui témoignent de ces sentiments, de ces comportements paroxystiques ou marginaux qui, par leur écart, éclairent sur la mentalité commune. Pour rester au Moyen Age l'hagiographie met en lumière des structures mentales de base : la perméabilité entre le monde sensible et le monde surnaturel, l'identité de nature entre le corporel et le psychique — d'où la possibilité du miracle et plus généralement du merveilleux. La marginalité du saint — révélatrice du fond des choses — a pour corollaire la marginalité exemplaire aussi des diaboliques : possédés, hérétiques, criminels. D'où le caractère de document privilégié de tout ce qui donne accès à ces témoins : confessions d'hérétiques et procès d'inquisition, lettres de rémission accordées à des criminels qui détaillent leur forfait, documents judiciaires et plus généralement monuments de la répression.

Une autre catégorie de sources privilégiées pour l'histoire des mentalités est constituée par les documents littéraires et artistiques. Histoire non pas des phénomènes « objectifs » mais de la *représentation* de ces phénomènes, l'histoire des mentalités s'alimente naturellement aux documents de l'imaginaire.

....

Il importe de ne pas séparer l'analyse des mentalités de l'étude de ses lieux et moyens de production. Le grand précurseur en ces matières que fut Lucien Febvre a donné l'exemple d'inventaires de ce qu'il appelait l'*outillage mental :* vocabulaire, syntaxe, lieux communs, conceptions de l'espace et du temps, cadres logiques.

L'histoire des mentalités doit se distinguer de l'histoire des idées contre laquelle aussi elle est en partie née. Ce ne sont pas les idées de saint Thomas d'Aquin ou de saint Bonaventure qui ont mené les esprits à partir du XIIIe siècle mais des nébuleuses mentales dans lesquelles des échos déformés de leurs doctrines, des bribes appauvries, des mots échoués sans contexte ont joué un rôle. Mais il faut aller plus loin que ce repérage de la présence d'idées abâtardies au sein des mentalités. L'histoire des mentalités ne peut se faire sans être étroitement liée à l'histoire des systèmes culturels, systèmes de croyances, de valeurs, d'équipement intellectuel au sein desquels elles se sont élaborées, ont vécu et évolué. Par là d'ailleurs les leçons que l'ethnologie apporte à l'histoire pourront être efficaces.

Extraits de : J. le Goff, *Les Mentalités. Une histoire ambiguë* *in* Faire de l'histoire. Nouveaux objets, tome III. *Paris, Gallimard (1974), pp. 85-86, 87-89*

l'histoire événementielle. A-t-il été évité en didactique des langues ? Assurément non, lorsque la seule authenticité d'un document suffit à en justifier la qualité informative, lorsque ce document n'est étudié que pour ce qu'il dit explicitement sans qu'il soit analysé pour ce qu'il sous-entend. Assurément non, lorsqu'un document est estimé « intéressant » pour la classe du seul fait de la notoriété de celui qui le signe ou parce qu'il relate un fait prestigieux ou exceptionnel. **Une démarche rigoureuse impose de ne pas confondre le haut degré de reconnaissance sociale dont bénéficie un homme ou un fait et l'intérêt que l'un ou l'autre peut représenter pour comprendre une dynamique sociale, les représentations du monde à l'œuvre dans le quotidien.** Par contre, les lieux communs, les préjugés, les connaissances sommaires sont des matériaux riches à condition d'être l'objet d'une lecture distanciée, au second degré. A remarquer également que la connaissance de la conformité sociale peut s'acquérir à travers l'étude des comportements marginaux : ceux qu'une société désigne du doigt — que ce soit pour leur excellence ou leur infamie — sont jugés au nom de l'opinion dominante.

La lecture du passé proposée par la Nouvelle Histoire est une leçon de relativité qui, à l'intérieur d'une même culture nationale, offre l'occasion d'étonnants dépaysements. Lorsque, dans la classe de langue, le dossier sur « la femme française » aborde la question de la mère célibataire ou de l'extension du concubinage, la tentation est grande d'interpréter cette libéralisation des mœurs comme le signe de la modernité. Ce serait oublier que, dans le contexte français, la notion sacramentale ou contractuelle de mariage n'est codifiée avec rigueur devant l'opinion qu'à partir du XIXe siècle. Dans son *Manuel du Folklore*[1], Van Gennep admet que la coutume reconnaissait aux fiancés le droit de coucher ensemble avant le mariage, si les fiançailles étaient bénies, et « l'enfant présenté ensuite au baptême n'était pas regardé comme un bâtard, même si dans l'intervalle, pour des causes diverses, le mariage n'avait pu être célébré liturgiquement[2] ».

L'histoire peut donc apprendre à transformer le familier en objet d'étonnement et à poser les questions qui jusqu'alors ne s'étaient jamais imposées.

2. LES DIFFÉRENTES ÉCRITURES DU TEMPS

Si l'on renonce à la représentation exclusive du temps proposée par l'histoire traditionnelle — une succession linéaire et chronologique d'événements — une grande diversité d'écritures du passé apparaît.

On a souvent tendance à confondre l'Histoire et l'histoire de la nation. La mise en forme du passé peut se faire à travers d'autres cadres que ceux de l'histoire nationale : histoire d'individus, histoire de groupes sociaux... Cette représentation du temps s'ordonne dans ce cas autour de séquences discontinues, d'intensité variable, dont certaines peuvent s'étirer jusque dans le

---

1. A Van Gennep, *Manuel du Folklore français contemporain*, Paris, A. et J. Picard, 1977 (1re édition 1943). Tome I, p. 259 : « Tout autre est l'évaluation par la communauté des rapports sexuels entre un fiancé et une fiancée officiels. [...] Dans ce cas, il n'y a pas séduction mais exercice d'un droit traditionnellement reconnu, dont peut-être par exemple en Lorraine lors des *dônes* ou *saudées*, on plaisantera, mais qui ne jette l'opprobre public ni sur le jeune couple, ni sur ses parents. »
2. P. Ariès, *Histoire des populations françaises*. Paris, Seuil (1971), « Points », p. 357.

présent. C'est le temps de la mémoire construit de commémorations et d'oublis. Le fait historique, dans ce cas, n'a pas de signification stable, fixée une fois pour toutes sur l'axe du temps, mais construit d'époques en époques, d'individus en individus, il est toujours susceptible d'être réécrit à la lumière des valeurs du présent.

2.1. L'écriture officielle de l'histoire nationale

Comme toute nation, la France a ses emblèmes nationaux ; Marianne, la semeuse, le coq gaulois, le drapeau tricolore, la Marseillaise, le 14 Juillet, l'hexagone, renvoient symboliquement à la notion de patrie[1].

L'écriture officielle de l'histoire nationale a servi à la constitution du sentiment patriotique : elle est le creuset où un individu puise les références qu'il a en commun avec tous les autres citoyens de la nation dont il est membre. Dans le contexte français, l'écriture officielle de l'histoire contribue à forger le sentiment d'une unité nationale, c'est pourquoi cette écriture tend à s'imposer comme la seule possible.

L'histoire nationale peut cependant être l'objet de **versions différentes.** Ces variations sont évidentes lorsque des transformations politiques intervenant au niveau national conduisent à une réécriture de certains faits historiques. L'arrivée au pouvoir des partis de la gauche en mai 1981 en France conduit à modifier le calendrier des fêtes nationales (le 8 mai redevient férié pour commémorer l'anniversaire de la victoire sur le nazisme), à mettre en lumière des événements jusqu'alors maintenus dans l'ombre (le 8 février 1962, pendant la guerre d'Algérie, mouraient au métro Charonne, sous une charge de police, neuf personnes qui manifestaient pour la paix en Algérie et contre les attentats de l'O.A.S. ; en 1982, l'événement fait l'objet de commémorations officielles). Le 21 mai 1981, la cérémonie d'investiture de François Mitterrand dans ses fonctions de président de la République réactualise certains symboles et les érige en valeurs nationales (Léon Blum, Jean Moulin, Victor Schœlcher). Le parcours du Président dans Paris associe symboliquement certains espaces urbains à une mémoire nationale de gauche (le Quartier latin, le Panthéon, les places de la Bastille et de la République...).

Dans les manuels scolaires s'écrit explicitement l'histoire d'une nation (cf. documents ci-après)[2]. La mémoire nationale s'écrit aussi dans l'infiniment petit des pratiques quotidiennes : les jours fériés du calendrier, les noms de rues, la statuaire publique, les billets de banque et les timbres illustrés d'un thème ou d'un personnage célèbre, les musées, la Bibliothèque nationale... Autant de lieux où des faits du passé se trouvent érigés en symboles nationaux.

---

1. Cf. A. Kimmel, J. Poujol, *Certaines idées de la France.* Sèvres, C.I.E.P. (1980), n° 3, « Les dossiers de Sèvres », pp. 135 à 144.

2. Sur le manuel scolaire d'histoire comme lieu de mémoire collective... cf. P. Nora, *op. cit.* (1983), p. 16.

LE DISCOURS NATIONALISTE :
LA MORT DE JEANNE D'ARC

Trois manuels d'histoire, trois écritures de la mort de Jeanne d'Arc.

DOCUMENT 1

● **Jeanne prisonnière**

Jeanne ne veut pas qu'il reste un seul Anglais sur le sol de France. De ville en ville, elle poursuit l'ennemi. Mais elle n'arrive pas à libérer Paris et elle est blessée pendant le combat. Un peu plus tard à Compiègne, les Anglais la font prisonnière.

J.-J. et C. Nathan,
*L'Histoire de la France
racontée aux enfants.*
Paris, Nathan (1958),
p. 29.

● **Jeanne est brûlée à Rouen**

Les Anglais ont déclaré que Jeanne était une sorcière. Ils l'ont condamnée à être brûlée vivante. C'est à Rouen, en l'an 1431, qu'elle monte sur le bûcher. Beaucoup d'Anglais déclarent : « Nous sommes perdus, nous avons brûlé une sainte. »

La reconquête française

Refusant d'être déshérité, le dauphin se
retire au sud de la Loire. A la mort de son
père, il se proclame roi de France et
poursuit la guerre contre les Anglais.
L'intervention de Jeanne d'Arc à ses côtés
est décisive et lui permet d'être sacré à
Reims : désormais Charles VII est le seul roi
légitime.

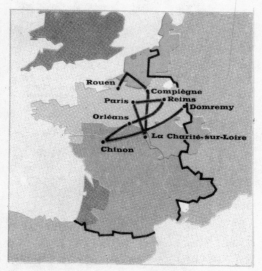

▲

L'épopée de Jeanne d'Arc ne dura
que 3 ans; son trajet est représenté
par la flèche rouge. En jaune, les
possessions du duc de Bourgogne;
en bleu, les territoires contrôlés
par le Dauphin; en violet, les
régions contrôlées par les Anglo-
Bourguignons.

N.B. - Ici, le trajet est en
noir, le gris moyen correspond au jaune, le gris clair
au bleu et le gris foncé au
violet.

JEANNE D'ARC

Jeanne est née en janvier 1412 à Domrémy. Très pieuse, elle aurait entendu à l'âge de treize ans des voix qui lui ordonnaient de chasser les Anglais et de faire sacrer Charles à Reims. Ayant réussi à gagner la confiance du roi, elle prend la tête d'une armée et délivre Orléans assiégée par les Anglais (mai 1429). Elle conduit ensuite Charles à Reims où il est sacré roi de France. Elle poursuit le combat contre les Anglais et cherche à délivrer Paris; elle échoue. Faite prisonnière en 1430 par les Bourguignons lors du siège de Compiègne, elle est livrée aux Anglais qui la font juger par un tribunal de l'Inquisition. Elle est condamnée au bûcher comme sorcière et brûlée vive à Rouen le 30 mai 1431.

P. Restellini, Y. Yannakakis, *Histoire de France*. Paris, Hatier (1984).

DOCUMENT 3

Les Bourguignons, autant que les Anglais, avaient des raisons de détester Jeanne. N'allait-elle pas renverser l'opinion au bénéfice de Charles VII? Ils montèrent un coup de main heureux : elle tomba en leur pouvoir. Ils la livrèrent aussitôt aux Anglais.

Ceux-ci conçurent une vaste opération politique. Il fallait discréditer, à travers Jeanne, le dauphin Charles, petit roi pour rire. Il fallait le désacraliser.

On réunit, sous la bannière anglaise, le ban et l'arrière-ban de l'Église et de l'Université. On fit à Jeanne un procès de sorcellerie. On choisit des juges français. On assura une large publicité des débats. Les meilleurs esprits de la théologie universitaire se rendirent à Rouen pour la condamner. Elle y fut brûlée vive, le 30 mai 1431. Comme une sorcière.

Les nouvelles circulaient vite, au Moyen Age. Les victoires de Jeanne avaient réveillé, contre l'occupant anglais, le sentiment national. Son martyre allait faciliter la réconciliation des Français.

P. Miquel, *Histoire de la France*.
Paris, Marabout (1976), n° 290, pp. 126-127.

Document 1

Le récit est mené à travers un découpage manichéiste du monde (Anglais *ou* Français, ennemis *ou* patriotes).

Le mythe de Jeanne est au service d'une exaltation du sentiment national (« Jeanne ne veut pas qu'il reste un seul Anglais sur le sol de France » ; « ce sont les Anglais qui condamnent Jeanne d'Arc et qui la brûlent »).

La construction de l'histoire reconduit une image de justice sociale : tout est bien qui finit bien, les méchants reconnaissent leurs erreurs. L'histoire est mise au service de la morale.

Document 2

Les précisions apportées sur Jeanne d'Arc apparaissent dans deux encadrés et sont donc dissociées du corps du texte. Une remarque des auteurs (« L'épopée de Jeanne d'Arc ne dura que 3 ans ») et cette mise en page tendent à minimiser le rôle historique de Jeanne d'Arc. Les auteurs marquent leur distance par rapport au mythe (« elle aurait entendu [...] des voix »).

Le rôle de Jeanne d'Arc est politique : elle assure la légitimité de Charles VII.

La responsabilité du jugement de Jeanne est attribuée au tribunal de l'Inquisition dont la composition n'est pas précisée. La carte illustre les trois forces politiques qui se disputent le pouvoir et donne explicitement l'image d'une France divisée. L'expression « Anglo-Bourguignons » rend compte d'une coalition binationale.

Document 3

Dans ce troisième document, l'alliance des Anglais et des Bourguignons est affirmée. Dans cette version, les frontières sont plus sociales que nationales : l'Église et l'Université se coalisent face à Jeanne d'Arc. Si les nationalités sont ici précisées (« on choisit des juges français »), c'est pour aboutir à une conclusion inverse de celle énoncée dans le document 1 : ce sont des Français qui ont fait le procès de Jeanne.

Jeanne est ici présentée, non en héroïne, mais en victime d'une machination politique qui ne la concerne pas d'ailleurs directement (« Il fallait discréditer, à travers Jeanne, le dauphin Charles »).

Si toute commune en France se doit d'avoir son monument aux morts ou son buste de Marianne, ces symboles nationaux évoluent [1], mais ne font pas toujours l'objet d'une mémoire

1. Catherine Deneuve prête ses traits à Marianne et remplace Brigitte Bardot.
Sur l'évolution symbolique et esthétique de la statuaire, cf. M. Agulhon, *La Statuomanie et l'histoire* in *Ethnologie Française*. Paris (mars-septembre 1978), pp. 145 à 165.
Sur l'évolution de l'emblème tricolore, cf. P. Nora, *Le Présent et la mémoire* in *Le Français dans le Monde*. Paris, Hachette/Larousse, n° 181 (novembre-décembre 1983), p. 16. Les symboles nationaux peuvent aussi disparaître : le paquebot « France », débaptisé, appartient maintenant à un armateur norvégien.

effective : il faut une cérémonie officielle ou un acte sacrilège (vandalisme, inscriptions ordurières par exemple) pour qu'ils se trouvent, dans le contexte français contemporain, rechargés de leur signification symbolique.

2.2. Les manuels scolaires d'histoire comme documents pour la classe de langue

Dans la classe de langue, l'histoire nationale peut être abordée en prenant en compte la variété des écritures possibles.

Étudiés autant pour la façon dont ils mettent en scène l'événement que pour leur contenu informatif, les manuels d'histoire de France peuvent faire l'objet en classe d'une étude comparative même s'ils s'adressent à des publics d'âge différent. Les variations dans l'interprétation d'un même fait historique apparaissent à travers le nombre de lignes accordé à l'événement, la mise en page (titres, sous-titres), les illustrations (reproduction de documents datant de l'époque traitée, dessins élaborés spécialement pour le manuel...), les faits passés sous silence, abordés de façon anecdotique ou présentés comme essentiels ; autant d'indices qui permettent de dégager les partis pris de l'auteur. « Un des moyens les plus faciles de mentir est de ne dire que la vérité en omettant quelque chose de vital[1] » : une étude comparée d'un même fait historique à travers plusieurs manuels permet de mettre en relief ces silences[2]. Ce travail comparatif peut également intégrer les manuels d'histoire en usage dans le pays de l'élève. Quelle place le ou les manuels français accordent-ils au pays de l'élève, à l'aire géographique où il se situe ? Cette première direction de travail peut permettre à l'élève, à propos d'un sujet dont il connaît des éléments (l'histoire de son pays), de relever les procédés qui génèrent l'ethnocentrisme : manipulation de stéréotypes, légitimation unilatérale du progrès occidental, sélection autocentrée des événements du pays étranger, simplifications, erreurs, omissions[3]. Pour éviter que cette étape ne se transforme en règlement de compte avec les auteurs français de manuels, il importe qu'elle soit jumelée avec un examen, selon les mêmes critères, des manuels scolaires d'histoire utilisés par les élèves dans leurs classes précédentes : quelle place y est accordée à la France, à l'Europe, aux trente dernières années ?

Ces questions peuvent contribuer à dessiner les représentations du passé national des deux pays qui dominent en France et dans le pays de l'élève. Sur un axe chronologique, on peut situer

---

1. R. Preiswerk, D. Perrot, *Ethnocentrisme et Histoire. l'Afrique, l'Amérique indienne et l'Asie dans les manuels occidentaux.* Paris, Éditions Anthropos (1975), p. 293.

2. Cf. *Le Tiers Monde de la 6e à la 3e, Critique des manuels d'histoire-géographie.* Paris, École et Tiers Monde, 20, rue Rochechouart, 75009.

3. Pour une description plus approfondie de ces procédés, cf. R. Preiswerk, D. Perrot, *op. cit.* (1975).

les faits explicitement mentionnés et ainsi dégager ceux qui sont passés sous silence dans le manuel étranger alors qu'ils sont considérés comme constitutifs de l'histoire nationale par les natifs. **Cette mise en perspective des regards portés sur l'histoire nationale de l'un et l'autre pays peut aider à désamorcer un débat qui ne serait que polémique lorsqu'il s'agit de mettre en relation des situations historiques où la France et le pays de l'élève se sont trouvés en conflit.** A travers la mise en parallèle des discours du vainqueur et du vaincu, c'est l'apprentissage de la distanciation qui peut s'élaborer et l'approche des mécanismes qui engendrent à la fois la naissance du sentiment national et la cécité à d'autres cultures.

Lorsque ces effets de construction du sens sont systématiquement pris en compte par les élèves pour analyser le fait historique, les événements et les figures mythiques de l'histoire de France peuvent être abordés comme autant de repères qui structurent la mémoire nationale des Français : souvenirs plus ou moins précis de la mémoire scolaire (1515 = Marignan), images stéréotypées, figées, fondatrices de l'appartenance nationale (« Nos ancêtres, les Gaulois... »), figures et événements historiques dont la signification est réaménagée pour les besoins contemporains[1]. Ces repères historiques constituent une imagerie nationale dont la connaissance est nécessaire pour l'étranger — car la communication quotidienne y puise ses références — mais qui doit être comprise comme une lecture particulière du passé. **Dans ces versions scolaires et officielles de l'histoire nationale, il faut rechercher, plutôt que la vérité historique, l'expession de stratégies identitaires et le sentiment de l'appartenance nationale.**

---

1. Cf. F. Debyser, *Lecture des civilisations* in *Mœurs et mythes*. Paris, Hachette (1981), pp. 12-13, à propos du « mythe » Henri IV tel qu'il était disponible dans l'imaginaire des Français en 1969, pendant la campagne présidentielle de Georges Pompidou :

« — la réconciliation des Français déchirés par les guerres de religion : on doit se souvenir de la propagande de la majorité d'alors qui brandissait systématiquement comme slogan électoral l'épouvantail de la guerre civile et le souvenir de la grande peur de 68 ;
— le réalisme et le souci de la paix, contre-argument électoral de l'époque, utilisé pour rallier des électeurs centristes auxquels la politique de grandeur et de prestige international du général de Gaulle avait fini par sembler coûteuse, sinon aventureuse ;
— l'humanité, symbolisée par le mot d'Henri IV sur la poule au pot, et contrastant avec une certaine image de la France gaullienne, passant avant le confort et la prospérité individuelle des Français.

Bien entendu, toutes ces composantes de signification sont transmises dans les mythologies nationales que sont les manuels d'histoire de l'école primaire.

Nous retrouvons le signe Henri IV entre autres, dans une publicité des magasins Carrefour où l'on voit un personnage à fraise, identifiable au Vert Galant par son costume, son panache blanc, sa barbe et son air de bon vivant, choisir un poulet à l'étalage. Il est tout à fait significatif de constater que nulle part dans la réclame le nom du roi, ni son mot historique sur la poule au pot ne sont cités, ce qui prouve que les référents culturels sont suffisamment ancrés dans la mémoire des Français pour qu'il soit inutile de les rappeler ou de les nommer. »

EXEMPLE

- *Et 36 ?*

- Ah ! 36. Il faut que je vous explique les événements avant, pour arriver à 36. Parce que là je vais vous faire connaître les conditions dans lesquelles j'ai été nommé délégué aux chemins de fer.

J'étais depuis 1929 aux chemins de fer, et il y a eu tous ces événements qui sont arrivés en 34. Par exemple à Paris, il y a eu ce putsch soulevé par le colonel De La Roque , qui avait été au préalable mon colonel au régiment à Metz. C'était un bon fasciste, un cagoulard. La classe ouvrière, huit jours après, le 12 février, a répondu avec la manifestation de cinquante mille travailleurs qui ont carrément fichu ce putsch cagoulard en l'air.

Ici dans le Pas-de-Calais ça a pas été mieux. Nous avons eu un camarade Desfontaines qui a été tué à Henin Liétard. On s'est battu avec les gardes mobiles. Vous savez que les commerçants à l'époque, ils s'installaient le long des trottoirs avec des caisses chargées de pommes et d'oranges et des trucs comme ça. On avait rien dans les mains pour se défendre contre les salopards de gardes mobiles que c'était la même chose que les C.R.S. Alors on attrapait des caisses d'oranges, on les défonçait, il restait des clous, on foutait ça au cul des chevaux et puis les gardes mobiles avaient leur gueule par terre, on les écrasait, ça y allait hein à la commande !

Alors après c'est arrivé qu'on a fait l'unité parce qu'il y avait les deux syndicats. Il y avait la C.G.T.U. et il y avait la C.G.T. . Alors ils se sont mis d'accord et on a formé un syndicat. Qui a été saboté après par ce cochon de Bergeron là. On a formé nos comités. On s'est réunis dans différentes sections au syndicat. Là les camarades ils m'ont entendu causer une fois ou deux, ils ont dit il faut mettre Jean-Baptiste. Alors là, moi je n'avais jamais fait de politique, je vous le garantis sincèrement. J'avais des opinions depuis l'âge de seize ans, j'étais carrément à gauche parce que j'avais été crevé, des trucs comme ça, mais je n'avais aucune formation politique. Alors me voilà tout de suite balancé délégué, sans aucune connaissance de tous ces problèmes. Bref je me suis pas mal débrouillé quand même et puis sont arrivés les événements de 36.

C'était ces grèves, ces grèves monstres ! Et après c'était la belle vie quoi. Et c'est là qu'on a eu les congés payés. Les quarante heures. Un peu plus de respect. Et ceux qui avaient possibilité de partir à la mer, ils pouvaient le faire. L'un en tandem, l'autre en vélo. Et à la maison, ils avaient pas les possibilités, moi je gagnais pas beaucoup aux chemins de fer. On avait cinq gosses quoi, on avait pas les moyens. Et trois ans après, vous savez ce qui est arrivé, c'était la guerre.

Interview de Jean-Baptiste Ooghe in *Paroles et Mémoires du bassin houiller du Nord - Pas-de-Calais, 1914-1980*. Lille, C.R.D.P. (1981), p. 37. Établi par J. Renard avec la collaboration de S. Goupil.

2.3. L'histoire nationale telle qu'elle est vécue

A cette écriture institutionnelle du passé s'oppose une vision spontanée de l'histoire qui s'organise essentiellement en fonction des valeurs du vécu quotidien. Abordée sous un angle non nationaliste, l'histoire nationale n'est pas constituée d'un ensemble homogène, mais plutôt de séquences et de lacunes, d'oublis et de moments marqués d'une densité extrême où s'accrochent des pans de souvenirs particuliers.

Alors que les guerres sont dans l'écriture officielle de l'histoire nationale des ruptures décisives, elles ne sont pas systématiquement des repères spontanés dans l'histoire des individus. C'est ce que remarque l'ethnologue F. Zonabend à propos des habitants de Minot, commune du Châtillonnais. La représentation qu'une de ses informatrices a de la guerre — Albertine — ne fait pas de place aux combats et aux souffrances : il lui reste le souvenir d'une séparation avec son mari mobilisé (« Je suis partie et puis je suis restée coincée trois mois, dans les Landes, et lui était à Toulouse, on ne pouvait pas se correspondre [1]. », d'un retour mouvementé à son village et des retrouvailles inattendues avec son mari (« Ah ça fait de bons souvenirs maintenant ! Ah ! il y avait de quoi rire. »). Ce même contexte est déjà perçu de façon radicalement différente par les générations suivantes. Pour les jeunes des années 30, c'est plutôt la lassitude : « Nous en avions marre de leurs récits de guerre [2] ». B. Blier regroupe en 1963 des interviews de jeunes sous le titre « Hitler connaît pas ». C'est déjà l'oubli pour une certaine génération.

Comme le montre l'extrait page 57, le témoignage individuel sur un moment de l'histoire nationale offre un éclairage particulier. Il est toujours **contextualisé.** L'arrivée au pouvoir du Front Populaire est ici décrite à travers une région (le Nord - Pas-de-Calais), un milieu professionnel donné (les cheminots), un point de vue sympathisant (la gauche). Les événements d'ordre personnel sont associés étroitement au récit, sous forme anecdotique (« qui avait été au préalable mon colonel au régiment à Metz ») ou comme éléments structurants : c'est un événement appartenant à l'histoire individuelle — un nouvel emploi en 1929 — qui initie le récit de cette période ; c'est l'élection au poste de délégué syndical qui domine une partie du récit de l'année 1936. Un récit troué de silences et d'ellipses où l'implicite circule (un cagoulard, la C.G.T.U., la C.G.T., « ce cochon de Bergeron là », les quarante heures...), mais aussi où l'écart des positions entre l'interviewé et l'interviewer est pris en charge dans le récit sous forme explicative (de La Rocque, un fasciste ; les gardes mobiles ; les étals de commerce dans la rue ; les sympathies politiques de

---

1. F. Zonabend, *La mémoire longue. Temps et histoires au village.* Paris, P.U.F. (1980), p. 300.
2. J. Gritti, *Alerte générale* in *Le Monde* (10 novembre 1978).

l'adolescence...) et restitue des fragments du contexte de l'époque lisibles pour celui qui n'y a pas participé. Tout autrement structuré serait le récit de la même période fait par un sympathisant du colonel de La Rocque, ou par un jeune mineur de 20 ans, ou par l'un des cinq enfants de Jean-Baptiste Ooghe.

2.4. Générations et perception du temps

A travers la notion de génération[1], il apparaît que les contemporains d'une époque n'ont pas systématiquement la même représentation de cette période : la trentaine d'années qui séparent une génération donnée de la suivante ou de la précédente sont suffisantes, dans un contexte occidental, pour qu'il y ait à la fois simultanéité des expériences et diversité d'expressions de la mémoire collective. M. Halbwacks et C. Lévi-Strauss analysent ainsi l'impact de la coupure génération-nelle dans la perception du temps :

« Un moment viendra où, regardant autour de moi, je ne retrouverai qu'un petit nombre de ceux qui ont vécu et pensé avec moi et comme moi avant la guerre, où je comprendrai, comme j'en ai quelquefois le sentiment et l'inquiétude, que de nouvelles générations ont poussé sur la mienne et qu'une société qui, par ses aspirations et ses coutumes, m'est dans une large mesure étrangère, a pris la place de celle à laquelle je me rattache le plus étroitement[2]. »

« Les personnes âgées considèrent généralement comme stationnaire l'histoire qui s'écoule pendant leur vieillesse, en opposition avec l'histoire cumulative dont leurs jeunes ans ont été témoins. Une époque dans laquelle elles ne sont plus activement engagées, où elles ne jouent plus de rôle, n'a plus de sens : il ne s'y passe rien, ou ce qui s'y passe n'offre à leurs yeux que des caractères négatifs ; tandis que leurs petits-enfants vivent cette période avec toute la ferveur qu'ont perdue leurs aînés[3]. »

La richesse en événements d'une période, les faits qui symbolisent une époque sont corrélés à la génération à laquelle appartient celui qui les énonce.

2.5. Une lecture orientée du temps

Le rapport au temps est multiforme et varie selon la communauté culturelle où s'inscrit le point de vue de celui qui énonce : les membres d'une communauté définie en terme

---

1. Première apparition du terme en 1830 selon Littré.
2. M. Halbwacks, *La Mémoire collective*. Paris, P.U.F. (1968), « Bibliothèque de Sociologie contemporaine », p. 56. Première édition : 1950.
3. C. Lévi-Stauss, *Anthropologie structurale deux*. Paris, Plon (1973), p. 396.

d'appartenance locale, professionnelle, ou générationnelle balisent chacun l'axe du temps des repères autour desquels le groupe s'identifie. Le passé n'est pas inerte, établi une fois pour toutes mais, capté par de multiples systèmes d'interprétations, témoigne de l'identité de celui qui le construit.

En utilisant des repères pour structurer le passé, tout individu livre implicitement des fragments de son identité. A Minot, village du Châtillonnais, l'adduction d'eau et le branchement électrique orientent le repérage dans un passé proche [1]. Des événements dont l'incidence est strictement familiale servent aussi à découper dans le passé des avant et des après : la date du premier achat d'une voiture par exemple [2]. Ces points de repère jouent un double rôle dans la structuration du passé :
— ils orientent l'axe du temps ; ils en interprètent le sens d'écoulement ; ils conduisent sa lecture dans une direction obligée : celle du progrès ou du mieux-être, dans l'exemple ci-dessus ;
— en entrelaçant des repères valables pour un groupe élargi et des repères spécifiques d'un groupe restreint, ils sont la marque de l'insertion de l'individu dans diverses communautés.

Dans l'appréhension du temps objectif — l'année civile, la semaine — les mêmes différences de densité interviennent. Les scansions de l'année civile pourront être perçues à travers l'alternance des jours fériés et des journées de travail pour un salarié, ou à travers les célébrations familiales (mariages, décès, anniversaires), ou organisées à partir du cycle de la nature (époque de la vendange, moment des boutures, des confitures, etc.). Le rythme annuel s'organise donc autour de dates rituelles ou de savoir-faire spécifiques. Ainsi se dessine, pour un groupe, une représentation de l'année à venir, bâtie à partir des seules contraintes répétitives, échos du vécu antérieur. C'est le cas précis où le passé investit le futur en y projetant des espaces peuplés de contraintes et d'incompatibilités (« impossible de voyager en septembre, c'est le moment de la récolte »). C'est autour de ces plages de temps fixes que la communauté réitère l'expression de sa solidarité, de sa complicité, de son identité.

La semaine est également ponctuée de repères familiaux : le jour du nettoyage, de la visite chez X, des frites, ou même de repères valables pour une communauté élargie. « On ne baptise pas, on n'enterre pas le vendredi. On ne change pas sa chemise, on ne change pas de draps le vendredi. Il y a une fille qui devait aller à Dijon chez le médecin, elle n'a pas changé de chemise parce que c'était vendredi [3]. » Ce jour-là est un jour marqué d'interdits : « Le vendredi demeure le jour de plus forte consommation de poisson », signalent les auteurs de *Habiter, cuisiner* [4]. Dans la famille étudiée à ce propos, le samedi et le

_____
1. F. Zonabend, *op. cit.* (1980), p. 302.
2. Fait signalé par P. Mayol et L. Giard, *op. cit.* (1980), p. 128.
3. F. Zonabend, *op. cit.* (1980), p. 101, note 4.
4. P. Mayol, L. Giard, *op. cit.* (1980), p. 201.

dimanche avaient une géographie particulière en net décalage par rapport aux autres jours de la semaine rythmés nécessairement par les horaires fixes de travail :

« L'après-midi se divise plus ou moins clairement en deux moments qui ont valeur d'opposition. Il y a tout d'abord "le café" qui commence vers quatre heures de l'après-midi pour se terminer vers cinq heures et demie [...]. A la cérémonie du "café", succède donc ce que j'ai souvent entendu désigner par "petit goûter apéritif" ou plus familièrement, d'un mot lyonnais, par mâchon [...]. La fin de l'après-midi est tout entière apéritive, tandis que la première partie est conclusive [1]. »

Les plages de temps objectives sont ici réécrites en fonction de deux pôles : le repas de midi et le repas du soir, moments intenses de la convivialité. Dans ce découpage, l'après-midi disparaît comme unité de temps. Ce même fractionnement apparaît pour la perception du dimanche chez l'un des membres de cette famille, Joseph : « Le dimanche est véritablement scindé en deux côtés dont l'un porte l'éclosion de la fête préparée depuis le vendredi soir, et dont l'autre est déjà une pente vers le sinistre lundi [2]. » Le dimanche matin appartient encore à la dynamique du temps de loisir. La perception du dimanche après-midi est tout entière orientée vers la semaine de travail à venir.

La représentation du temps varie quelle que soit la durée observée : temps morcelé de la journée, temps qui s'inscrit dans la longue durée d'une époque. De ce fait, les instruments « objectifs » de mesure du temps — heure, mois, année, siècle — sont eux-mêmes intégrés dans un système de valeurs qui privilégie une comptabilité rigoureuse du temps [3]. Ils ne sont pas universels dans la mesure où ils n'ont pas été systématiquement employés dans l'histoire et ne le sont pas davantage dans l'ensemble des cultures contemporaines. En légitimant une conception du temps définie selon des critères institutionnels occidentaux et/ou contemporains, on oublie que le temps, selon les communautés culturelles, a une infinité de modes d'emploi qui exposent celui qui ne les maîtrise pas aux pièges du malentendu culturel.

---

1. *Ibid*, pp. 70-71.
2. *Ibid*, p. 144.
3. Cf. L. Febvre, *Le problème de l'incroyance au XVIe siècle. La religion de Rabelais*. Paris, Albin Michel (1968), « Évolution de l'humanité », pp. 370-371.
« Ce temps qu'on ne mesure pas à la rigueur ; ce temps qu'on négligeait de retenir, de calculer, de considérer avec exactitude — ce temps, comment l'eût-on traité comme une denrée précise, épargné, ménagé, économisé ? De fait, le XVIe siècle, héritier en cela du XVe, n'est-il pas dans ses travaux un des plus grands gaspilleurs de temps que siècle fût ? C'est l'époque où, dans les églises, les châteaux, les palais, les architectes dissipaient en ornements compliqués, en entrelacs, en fioritures de pierre un prodigieux capital de jours, de mois et d'ans ; l'époque où les édifices flamboyants, et les bahuts sculptés à la bourguignonne, et les habits tailladés et déchiquetés — et même les mets cuisinés avec une savante et barbare lenteur — semblent autant de coffres-forts énormes où des hommes, qui ne comptaient pas, ont enfoui des liasses de temps improductives d'intérêt. »

3. REPRÉSENTATIONS DE L'ESPACE

3.1. Espace objectif et espace vécu

Les plans et les cartes sont généralement considérés comme une représentation objective de l'espace. Mais il suffit de s'interroger sur leur système de codifications[1] et d'en modifier les règles pour que la part d'arbitraire de leur mise en images soit révélée. La représentation de la terre établie par Gerardus Mercator au XVIe siècle et reprise par Edward Wright présente l'inconvénient de dilater les pays situés aux hautes latitudes et de surévaluer la superficie des terres par rapport aux océans. La perception du monde est radicalement différente lorsqu'elle se fait selon une projection polaire (l'Arctique et l'Antarctique apparaissent dans ce cas au centre dans la carte) ou selon une projection azimutale (le continent américain, l'Afrique, l'Europe, etc., peuvent dans ce cas apparaître au centre du monde). On peut ainsi facilement prendre la mesure des représentations ethnocentriques de l'espace mondial diffusées par les atlas et manuels de géographie[2]. **L'espace, comme le temps, ne peut être l'objet d'une lecture univoque et son interprétation s'inscrit dans une multiplicité de visions du monde.**

3.2. Représentations stéréotypées du monde : images de l'ailleurs

La relation qui unit le membre d'une communauté à son espace culturel détermine implicitement sa perception de l'ailleurs, les images des cultures auxquelles il n'appartient pas. La classe de langue peut être définie comme le lieu où les représentations de la culture nationale étrangère sont mises à jour, analysées, objectivées.

Le fonctionnement de la **représentation stéréotypée de l'étranger** peut être analysé selon les mécanismes suivants (cf. définitions ci-après) :

— une opération de simplification et de généralisation qui conduit à reproduire la spécificité d'un groupe culturel ou d'un pays ;

---

1. Cf. Bertin, *Sémiologie graphique*. Paris, La Haye, Mouton/Gauthier-Villars (1967).
2. Cf. G. Chaliand, J.-P. Rageau, *Atlas stratégique géopolitique des rapports de force dans le monde*. Paris, Fayard (1983). Un ouvrage à conseiller à tous ceux qui font profession du dépaysement géographique puisqu'il s'attache à rendre compte, sur le plan géopolitique, de la multiplicité des représentations du monde contemporain.

— une opération de qualification qui consiste à décrire un groupe culturel ou un pays selon un nombre fermé d'attributs ;
— une opération de catégorisation qui signale les particularités symboliques propres au référent décrit sans s'appuyer sur la matérialité effective de ces différences.

Cette forme de connaissance annihile l'écart entre le singulier et le collectif, standardise la différence, interprète l'appartenance nationale à un groupe culturel comme une collection restreinte et disjointe de références, domestique l'étrangeté en en limitant les particularités. Ces mécanismes s'appliquent aussi bien à une communauté nationale à laquelle on n'appartient pas (hétérostéréotype) qu'à celle dont on est membre (autostéréotype).

TEXTES DE RÉFÉRENCE

LE STÉRÉOTYPE : DÉFINITIONS

Le stéréotype peut être défini comme un ensemble de traits censés caractériser ou typifier un groupe, dans son aspect physique et mental et dans son comportement (1). Cet ensemble s'éloigne de la « réalité » en la restreignant, en la tronquant et en la déformant. L'utilisateur du stéréotype pense souvent procéder à une simple description, en fait il plaque un moule sur une réalité que celui-ci ne peut contenir. Une représentation stéréotypée d'un groupe ne se contente pas de déformer en caricaturant, mais généralise en appliquant automatiquement le même modèle rigide à chacun des membres du groupe.

De quoi est composé un stéréotype ? Tout d'abord, il convient de noter l'élément *simplification* ; la réalité est simplifiée avec pour résultat non pas une clarification mais une mise à l'ombre d'éléments essentiels à la compréhension. Cette simplification procède d'un choix limité d'éléments spécifiques, d'omissions conscientes et de simples oublis. Que cette cognition sélective soit volontairement orientée ou non ne nous intéresse qu'en seconde analyse. Le stéréotype tend également à englober toutes les unités de la catégorie qu'il prétend cerner en quelques traits. Un individu appartenant au groupe visé se verra appliquer d'office le même schéma de comportement, de mentalité, de qualités ou de défauts. Le stéréotype est donc aussi *généralisation*. Stéréotyper, c'est utiliser le même concept ou le même groupe de concepts pour définir les éléments d'une catégorie, sans se soucier des exceptions ou sans se demander dans quelle mesure le contenu du stéréotype ne s'appliquerait pas justement mieux aux exceptions elles-mêmes.

Dans le domaine du stéréotype, la nuance n'a pas de place. Ce qui est juste pour le groupe l'est ipso facto pour l'individu, pour tous les membres de ce groupe, le résultat en étant que n'importe quel individu finit par représenter le groupe entier en l'incarnant grâce au stéréotype. Ce phénomène pourrait se résumer par la formule populaire : « Quand on en a vu un, on les a tous vus. » C'est là l'aspect généralisateur qui domine, reste à savoir comment le spécimen en question a été « vu ». Il est probable, du fait même de la facilité avec laquelle la généralisation a été faite, que l'observation, la vision n'était qu'une perception sélective très grossière, car seule une simplification outrée peut justifier une telle généralisation, ou y aboutir.

R. Preiswerk, D. Perrot, *Ethnocentrisme et histoire*.
Paris, Éditions Anthropos (1975), pp. 237-238.

Un stéréotype est l' « idée que l'on se fait de... », l'image qui surgit spontanément lorsqu'il s'agit de... C'est la représentation d'un objet (choses, gens, idées) plus ou moins détachée de sa réalité objective, partagée par les membres d'un groupe social avec une certaine stabilité. Il correspond à une mesure d'économie dans la perception de la réalité puisqu'une composition sémantique toute prête, généralement très concrète et imagée, organisée autour de quelques éléments symboliques simples, vient immédiatement remplacer ou orienter l'information objective ou la perception réelle. Structure cognitive acquise et non innée (soumise à l'influence du milieu culturel, de l'expérience personnelle, d'instances d'influences privilégiées comme les communications de masse), le stéréotype plonge cependant ses racines dans l'affectif et l'émotionnel car il est lié au préjugé qu'il rationalise et justifie ou engendre.

L. Bardin, *L'Analyse de contenu*.
Paris, P.U.F. (1980), p. 51,
le psychologue.

La place de ces processus réducteurs d'interprétation ne peut être ignorée dans la classe de langue. Ils peuvent être abordés à plus d'un titre. On peut analyser l'image que les étudiants se font de la langue française : le français comme langue commerciale, scientifique, littéraire..., le français comme langue difficile, mélodieuse, etc. [1]. Et/ou on peut également mettre à jour l'image que les élèves se font de la France et des Français : pays riche, raciste, moderne dont l'histoire et la littérature ont joué un rôle important dans le monde, etc. Les réponses peuvent être fermées (oui/non), modulées sur une échelle (de 0 à 7, par exemple) [2]. On peut travailler sous forme de *brainstorming* en demandant d'associer au nom « France » ou « Français » les cinq premiers mots (noms communs ou noms propres, adjectifs) qui leur viennent à l'esprit. On peut aussi soumettre aux élèves des documents iconiques (par exemple, publicités) et relever les références qui leur paraîtront spécifiquement françaises [3].

Ce travail de mise à jour des représentations de la langue et de la culture étrangères peut avoir quatre fonctions :

— Dans le cadre d'une campagne de promotion de la France et de l'enseignement du français, relever les représentations dominantes pour les faire évoluer, voire les inverser.

— En début d'apprentissage, déclencher une réflexion sur les modes d'appréhension d'une culture étrangère (les pièges et les vertus d'une expérience personnelle de l'étranger, le décalage entre différentes perceptions d'un même fait). C'est aussi l'occasion pour l'enseignant de photographier les représentations dominantes de son groupe. Il convient ici de distinguer les classes où les élèves ont une expérience homogène de la culture étrangère (élèves d'une même nationalité, expériences parallèles de l'étranger) et celles de composition multinationale (on évitera dans ce cas de faire de l'élève l'unique représentant de son pays, le porte-parole de l'ensemble de sa communauté nationale. Mais la variété des représentations mises à jour en classe permet de mettre en évidence la relativité des systèmes de valeurs utilisés).

— Repris en fin d'apprentissage, ce travail peut être un outil d'évaluation. Le séjour en pays francophone a-t-il fait évoluer les représentations initiales [4]? Un cours étalé sur un ou plusieurs

---

1. R. Lescure, *Cultures en présence et identités culturelles dans l'enseignement et l'apprentissage d'une langue étrangère*. Thèse de 3e cycle, université Paris III (1984), pp. 112 à 135.
2. M. Cembalo, G. Régent, *Apprentissage de français en France : évolution des attitudes* in *Mélanges Pédagogiques*. Nancy, C.R.A.P.E.L., université Nancy II (1981), pp. 70 à 82.
3. V. Pugibet, *Les stéréotypes de la France et des Français chez des étudiants mexicains* in *Le Français dans le Monde* n° 181, *op. cit.*, pp. 46 à 53.
4. M. Cembalo, O. Régent, *op. cit.* Dans l'analyse des reponses à un questionnaire diffusé à 30 stagiaires, les auteurs remarquent que dans ce cas précis — un stage de courte durée — les attitudes restent majoritairement stables.

semestres a-t-il entraîné davantage de précision dans l'identification des références[1] ?

— A un stade avancé de l'apprentissage[2], le travail peut être mené pour relativiser des représentations que les Français ont de leur propre culture nationale[3] et les représentations du pays de l'élève qui sont dominantes en France.

Dans tous les cas cités, l'objectif poursuivi en classe est de sensibiliser les élèves à la précarité du stéréotype, à la vision ethnocentrique et manichéiste du monde qui le sous-tend.

4. ESPACE ET IDENTITÉ

Pour éviter les écueils d'une description des faits culturels qui réifie et folklorise, il convient d'y intégrer les représentations que les membres d'une communauté ont d'eux-mêmes et des autres. L'espace dans ce cas n'est pas seulement étudié comme une collection de traits physiques mais pour sa dimension cachée[4] : territoire que l'on délimite symboliquement, réseaux de sociabilité où s'inscrit l'identité de chaque individu, sentiment d'appartenance régionale ou locale qui découpe le monde social en gens d'ici et gens de là-bas. De même que les historiens de la Nouvelle Histoire ont fait du passé un objet d'étude pluridisciplinaire, de même les géographes ont intégré dans le champ de leur discipline les apports des sciences humaines et plus particulièrement ceux de l'ethnologie et de la sémiologie[5].

---

1. V. Pugibet, *op. cit.* (1983). Il semblerait, au terme de l'enquête menée, que l'origine sociale des étudiants soit une variable importante. Les étudiants des classes supérieures, bénéficiant d'une information extra-scolaire abondante, seraient mieux armés pour relativiser le stéréotype.
2. Cf. chapitre 4. Quels objectifs ? Quelle évaluation ?
3. H. Boyer, M. Pendanx, *Les Français parlent aux Français* in *Travaux de didactique de F.L.E.* Montpellier, université Montpellier III (1985), n° 13, pp. 57 à 78.
4. Nous reprenons ici le titre de E.T. Hall, *La Dimension cachée*. Paris, Le Seuil (1971). Traduit de l'américain par A. Petita.
5. Dans les pays anglo-saxons, cette approche de l'espace se développe dans les années 60. Citons K. Lynch pour ses travaux sur l'image de la ville perçue par ses usagers, *L'Image de la cité*, 1960, traduit en français en 1969), P. Gould pour l'élaboration de «cartes mentales» (*Mental Maps*, 1974), D. Lowenthal et M.J. Bowden pour une réflexion sur une «géographie de l'imaginaire» (*Geographies of the mind*, 1976), A. Moles et E. Rohmer pour leur *Psychologie de l'espace*, 1972.
Pour l'école française contemporaine de géographie, et ce sous l'influence de P. George, Martonne et A. Demangeon, l'espace n'est plus exclusivement déterminé par des facteurs géomorphologiques ou climatologiques. Il s'agit d'expliquer les «combinaisons régionales» en y associant les représentations collectives présentes sur le territoire étudié.

Kevin Lynch définit ainsi les «images collectives» propres à un espace urbain : «représentations mentales communes à de grandes quantités d'habitants d'une ville : zones d'accord que l'on peut s'attendre à voir apparaître sous l'interaction d'une même réalité physique, d'une culture commune et d'une nature physiologique identique [1]».

4.1. Le sentiment d'appartenance locale

Lorsqu'il s'agit d'examiner ce qui fait le consensus d'une communauté culturelle dans la perception de l'espace qu'elle s'approprie, le terme de **territoire** s'impose : balisés de repères familiers, de traces du passé, d'habitudes et de traditions, les lieux se trouvent investis de significations qui resteront hermétiques pour l'étranger. Il n'y a rien de commun entre la démarche exploratoire du touriste et son approche didactique de l'espace et celle de l'habitant qui circule en utilisant spontanément ses savoir-faire quotidiens [2].

L'espace tel qu'il est vécu par ses usagers est quadrillé de parcours régulièrement empruntés, de circuits obligés, d'itinéraires frappés d'exception, de lieux marqués de conduites possibles et impossibles. A travers le réseau discret des relations sociales, chaque individu construit son espace. La frontière n'est pas dans ce cas la ligne des cartes et des plans : mouvante, discontinue, elle est ce qui sépare le familier du non-familier, le lisible de l'indéchiffrable [3].

Le document suivant montre combien une analyse prenant en compte le sentiment d'appartenance régionale peut transformer l'approche d'une notion apparemment dénuée d'ambiguïté : le Parisien. Face à la définition du dictionnaire qui fait du Parisien l'habitant de Paris, on voit ici que ce terme prend son sens à l'intérieur de stratégies identitaires visant à distinguer, sur un même territoire, occupants de longue date et nouveaux venus, détenteurs légitimes et illégitimes de l'identité locale.

---

1. K. Lynch, *L'Image de la cité*. Paris, Dunod/Bordas (1976), pp. 8-9. Traduit de l'anglais par M.-F. et J.-L. Vénard.
2. Ce décalage dans les perceptions de l'espace peut être utilisé dans la classe de langue. Cf. M. Arrunda, G. Zarate, D. van Zundert, *Le Regard touristique*. Paris, B.E.L.C. (1985).
3. Pour un travail de prise de conscience de ces phénomènes en classe de langue : M. Troutot, G. Zarate, *Ma ville, celle des autres*. Paris, B.E.L.C. (1986).

STRATÉGIES IDENTITAIRES
A TRAVERS LA NOTION DE «PARISIEN»

A partir de 1975 poussent à la périphérie des villages du Valois des lotissements peuplés majoritairement de jeunes couples, salariés dans des entreprises du secteur secondaire ou tertiaire : traits communs qui suffisent à établir l'identité collective des « nouveaux » aux yeux des anciens travailleurs ruraux. Ce sont, pour eux, « des Parisiens qu'on ne voit jamais parce qu'ils vont tous les jours travailler à Paris ». La formule, qui fait des nouveaux une population toujours en transit et leur dénie toute présence locale, est peut-être l'ultime défense de ruraux, que marginalisent doublement la disparition des emplois agricoles et le bouleversement de l'interconnaissance villageoise, dû à l'arrivée massive de gens qu'ils ne peuvent situer ni par leurs attaches familiales ni par leur activité professionnelle. Il s'en faut de beaucoup, pourtant, que les nouveaux soient des Parisiens qui regagnent chaque matin leur lieu d'origine. Bien plus, c'est leur absence d'insertion dans la capitale qui est l'élément déterminant de leur installation en Valois.

La plupart des nouveaux sont des provinciaux, originaires du Nord, de l'Est ou de l'Ouest de la France, plus rarement du Sud. Quelques-uns sont venus dans le Valois parce que leur emploi y était situé (c'est le cas pour des cadres d'entreprises locales). Mais les plus nombreux ne travaillent pas dans le Valois même. Ceux-là ont généralement vécu quelque temps dans l'agglomération parisienne, non à Paris, mais en banlieue : liée à leur carrière professionnelle, cette expérience a été mal vécue. Ces provinciaux qui ont habité dans la banlieue nord ou est, faute de pouvoir payer les loyers élevés de la capitale, avaient presque toujours connu mieux dans leur jeunesse que les grands immeubles bruyants où ils se sont retrouvés : ce déclassement résidentiel est perçu comme un déclassement social. Lorsqu'ils prennent la décision de constituer un patrimoine par l'accession à la propriété, l'impossibilité d'acheter une maison dans une banlieue agréable, le refus du possible (un appartement exigu dans une cité surpeuplée) suscitent chez eux le désir de la « campagne » : campagne indéterminée qui n'est que l'antithèse de la ville « invivable » qu'ils connaissent. Ils tracent alors des arcs de cercle concentriques autour du lieu de leur emploi et arrêtent leur recherche lorsqu'ils ont trouvé l'endroit où ils peuvent acquérir une maison à leur convenance et dans leurs prix.

M. Bozon, A.-M. Thiesse, *Le Donjon, le Grenier et le Jardin* in *Terrain*. Paris, Ministère de la Culture (octobre 1985), n° 5, pp. 6-15.

Note : Pour un autre éclairage sur le fonctionnement des pratiques identitaires, cf. N. Elias, *Remarques sur le commérage* in *Actes de la Recherche en Sciences Sociales*. Paris, E.H.E.S.S., n° 60, novembre 1985, *Images «populaires»*.

4.2. Représentations de l'espace social

Chaque représentation de la société contient en elle-même l'affirmation de sa légitimité. L'espace social s'organise donc selon des rapports de force où toute représentation tend à s'imposer comme la seule possible mais où des représentations sont dominantes par rapport à d'autres lorsqu'elles accèdent à un maximum de reconnaissance sociale [1]. C'est ce paradoxe que nous allons examiner.

De même que la génération, le sexe, le territoire constituent des unités propres à décrire le fonctionnement de l'identité, de même **la classe sociale** permet de situer un individu. Dans les opérations de classement social, pour des sondages ou des recensements, les institutions privilégient, pour la plupart, un découpage en catégories socio-professionnelles [2]. Ce découpage prend en compte les revenus de l'individu et valorise ainsi des indices de nature économique. Le postulat consiste à considérer comme homogène une catégorie sociale où les individus bénéficient d'un revenu économique équivalent. Cette approche panoramique de la société sous-estime comme facteurs de différenciation sociale, les éléments suivants :
— le poids de l'héritage économique et/ou familial (par exemple, un avocat qui succède à son père, lui-même avocat, hérite d'un capital économique, son cabinet, et d'un capital social : relations familiales, savoir-faire propres à ce contexte professionnel, etc.,
— la valeur des diplômes dépend à la fois du nombre d'années d'étude et de la reconnaissance sociale dont bénéficie l'institution qui les délivre.

La description de l'espace social doit intégrer dans une description des représentations, outre la dimension économique, le capital culturel transmis par la famille (capital culturel hérité) ou par l'école (capital culturel acquis) [3].

Les conditions d'acquisition de ces deux formes de capital culturel sont socialement distinctes dans la société française : plus l'individu hérite de « titres et de quartiers de noblesse culturelle » de son milieu social, plus il accède aux formes légitimes de la reconnaissance sociale. La trajectoire sociale d'un individu (qui intègre non seulement son parcours personnel mais aussi celui de ses parents et des générations précédentes) intervient donc pour rendre compte de sa position sociale.

---

1. Ce rapport de forces est ainsi décrit par P. Bourdieu : « Le dominant est celui qui impose symboliquement au dominé ses catégories de perception. Le dominé prend à son compte les principes de perception du dominant. » Cours public du Collège de France (1984).
2. En France, l'Institut National de la Statistique et des Études Économiques (I.N.S.E.E.) se réfère à dix Groupes Socio-Professionnels (G.S.P.).
3. P. Bourdieu, *La Distinction*. Paris, Éditions de Minuit (1979), pp. 88 à 101.

L'HABITUS DE LA CLASSE DOMINANTE

1er témoignage

S., avocat, âgé de 45 ans, est fils d'avocat et appartient à une famille de la grande bourgeoisie parisienne; sa femme, fille d'ingénieur, a fait Sciences Po et ne travaille pas. Leurs quatre enfants font des études secondaires dans les «meilleurs» établissements privés catholiques parisiens. Ils habitent un très grand appartement de plus de 300 m² dans le 16ème arrondissement; une très grande entrée, un immense salon, une salle à manger, un bureau, les chambres (le cabinet professionnel n'est pas dans l'appartement).

....

« Je suis énervé par les gens qui achètent des choses simplement pour les montrer, pour dire qu'ils les ont ou pour mettre dans tel endroit. La valeur importe peu, c'est le plaisir qu'on y trouve (...). Si j'ai acheté des sangliers, c'était pour ma jouissance personnelle ou simplement parce que je trouvais que c'était marrant, que c'était cucu ou que ça faisait râler les autres».

....

« Si ces meubles ne lui plaisent pas, il les «balance» : «pas trop d'encombrement». «Il faut avoir un appartement suffisamment grand, des pièces qui permettent d'avoir un certain silence intérieur, pas encombrées, et, au contraire, il faut d'autres pièces avec tous les objets personnels qui ne sont jamais des objets de l'ordre du souvenir, —alors là, à la poubelle—, mais des objets que l'on aime avoir autour de soi». Il a «horreur des souvenirs de voyages» et n'en rapporte jamais («sauf ce truc dont je t'ai parlé tout à l'heure, en terre cuite de Chine (...). »

2e témoignage

Michel R., cadre dans une agence de publicité à Paris, fils du président-directeur général de la filiale française d'une entreprise multinationale de pointe, a fait ses études dans un établissement privé catholique du 17ème arrondissement, puis à Sciences Po : sa femme, Isabelle, fille d'un industriel de province, a aussi fait Sciences Po et travaille dans un hebdomadaire. Âgés de 30 ans et 28 ans respectivement, ils ont deux enfants ; ils habitent un appartement moderne de cinq pièces à Paris dans le 15ème arrondissement.

....

« Il n'aime pas non plus les natures mortes, ni les tableaux qui «posent des problèmes» : «Fernand Léger, des trucs comme ça c'est horrible, c'est lourd, c'est épais (...) ; voir deux ou trois Braque, c'est intéressant ; quand tu en vois 200 qui ont tous le même système, on revient toujours à la même chose et je trouve ça un peu triste, un peu cauchemardesque (...). Je recherche un peu des situations de paysage dans la peinture (...). Ma grand-mère a un Bonnard chez elle, c'est le seul tableau de très grand prix qu'elle ait ; nous, on ne l'aura jamais parce qu'il y a une nombreuse descendance, mais c'est merveilleux d'avoir ça, c'est inouï. Moi je veux des trucs qui ne soient pas du tout mode, assez intemporels».

P. Bourdieu, *La Distinction. Critique sociale du jugement.* Paris, Éditions de Minuit 1979 (Le Sens Commun), pp. 310, 312, 340. Interviews datant de 1974.

La position dominante de la classe bourgeoise s'exerce dans le détachement. «Ceux que l'on tient pour distingués ont le privilège de ne pas avoir à s'inquiéter de leur distinction.» La distinction bourgeoise a le privilège d'imposer la combinaison de propriétés antagonistes : «aisance dans la tenue et la retenue» lorsqu'il s'agit d'habitudes corporelles, transformation de biens vulgaires en œuvres distinguées, banalisation de valeurs légitimes. La distinction est donc le détachement ironique ou désinvolte, à propos des valeurs légitimes.

L'appartenance à une classe sociale se manifeste sur le mode implicite comme une adhésion à une vision particulière du monde, à un système de valeurs spécifique, à des usages sociaux représentatifs de cette classe. Cette adhésion sera perçue comme d'autant plus naturelle qu'elle aura été «héritée». Ce consensus — «orchestration sans chef d'orchestre qui confère régularité, unicité et systématicité aux pratiques en l'absence même de toute organisation spontanée ou imposée des projets individuels» [1] — que P. Bourdieu appelle **habitus de classe,** permet de repérer dans la diversité des pratiques quotidiennes des régularités sur lesquelles l'étranger peut s'appuyer pour situer ses partenaires sur l'échiquier social français.

4.3. Les indices d'appartenance sociale

Les objets du quotidien constituent une source d'information sociale. Par exemple, une chaîne haute-fidélité est un objet coûteux et qui n'est pas de première nécessité, elle pourrait donc constituer un indicateur social pertinent pour identifier son propriétaire comme appartenant à la classe des privilégiés.

Mais cette hypothèse conduit à lire le texte social au pied de la lettre, à ne décrypter l'objet qu'en fonction de ses qualités techniques : destination explicitement attribuée, coût, rareté, banalité, etc. Cela conduit également à ne voir dans l'objet que la réponse à une nécessité vitale, à un besoin et donc à ne traiter l'objet que dans son immédiateté. Cela revient à confondre la fonction économique de l'objet et sa valeur symbolique.

Limiter la lecture sociale à un recensement d'objets qui rendraient compte d'un minimum vital pour les classes défavorisées, ou au répertoire d'objets de plus en plus luxueux, prestigieux, inutiles, comme autant de caractéristiques des classes privilégiées, reviendrait à souscrire à ce que Jean Baudrillard appelle le «mythe des besoins primaires» :

«Le "minimum vital anthropologique" n'existe pas. Dans toutes les sociétés, il est déterminé résiduellement par l'urgence fondamentale d'un excédent : la part de Dieu, la part du sacrifice, la dépense somptuaire, le profit économique. C'est ce prélèvement de luxe qui détermine négativement le niveau de survie et non l'inverse [2].»

Il remarque d'ailleurs la corrélation étroite entre le sous-développement, la misère économique et l'inflation des dépenses consacrées au jeu, au sacré, à l'«inutile».

---

1. P. Bourdieu, *Le Sens pratique.* Paris, Éditions de Minuit (1980), p. 99.
2. J. Baudrillard, *Pour une critique de l'économie politique du signe.* Paris, Gallimard (1972), collection «Tel», pp. 84-85.

De ce fait, **la possession des objets n'indique pas l'appartenance systématique à telle ou telle classe sociale dont ils seraient les emblèmes.** La discrimination sociale ne se fait pas sur un bilan d'objets mais de façon plus subtile et moins visible : elle agit au niveau des pratiques entretenues par telle ou telle catégorie sociale avec un certain nombre de produits. Pour reprendre les outils méthodologiques de Bourdieu, le capital économique ne peut systématiquement remédier à des formes lacunaires ou différentes du capital culturel. Un de ses exemples nous semble, pour ce point, particulièrement éclairant :

« Que dire, en effet, de l'ensemble de produits que découpe la catégorie apparemment neutre de « céréales », pain, biscottes, riz, pâtes, farine, et surtout des variations de la consommation qui est faite de ces produits selon les classes sociales lorsqu'on sait que le seul "riz" cache "riz au lait" ou le "riz au gras", plutôt populaires, le "riz au curry", plutôt "bourgeois" ou plus précisément "intellectuel", sans parler du "riz complet" qui évoque à lui seul tout un style de vie [1]. » Derrière le mode d'emploi explicite donné par le producteur, se profile la diversité des usages propres à chaque classe, résultat de la multiplication des systèmes d'appréciation et de perception. **Le goût est l'un des facteurs qui modifient la relation uniforme au produit.**

Ce n'est donc pas le recensement des objets qui rend compte de la disparité sociale, mais plutôt les pratiques quotidiennes qu'ils déclenchent. Au-delà du formel et du fonctionnel, se dessine une dimension vécue des objets. Plus que l'objet lui-même, c'est son environnement qui est significatif. Il n'est en fait que le noyau autour duquel s'organise une syntaxe, l'élément autour duquel se coagule une cohérence. Et c'est à ce titre, et à ce titre seulement, qu'il est un indice d'appartenance sociale.

La différenciation sociale peut s'appliquer potentiellement à tout domaine : « Chacun de ces univers, boissons [...] ou automobiles, journaux et hebdomadaires ou lieux et formes de vacances, ameublement ou aménagement des maisons et des jardins, sans parler des programmes politiques, fournit les quelques traits distinctifs qui [...] permettent d'exprimer les différences sociales les plus fondamentales presque aussi complètement que les systèmes expressifs les plus complexes et les plus raffinés que puissent offrir les arts légitimes [2]. » Il ne s'agit pas seulement de reconstituer l'éventail des objets disponibles du bas jusqu'au haut de gamme, de bâtir le paradigme « automobile » ou « poste de télévision » par exemple, mais aussi et surtout de recenser les différentes combinaisons que l'objet peut susciter avec d'autres objets, d'analyser horizontalement les pratiques spécifiques dont il peut témoigner (relation à la consommation,

---

1. P. Bourdieu, *op. cit.* (1979), p. 20.
2. P. Bourdieu, *op. cit.* (1979), p. 249.

trajectoire professionnelle, structure familiale, réseau relationnel, etc.). Dans ce cas, même si le paradigme est relativement étroit, il n'existe pas d'objet absolument universel, puisqu'il peut toujours donner le témoignage des caractéristiques économiques, sociales et culturelles de ses usagers. Il est toujours porteur de sens, il signale toujours la différence.

Ce quadrillage vertical et horizontal permet d'apprécier efficacement l'organisation implicite de l'espace social. Il offre, en effet, l'avantage d'éviter **le piège de la lecture au premier degré** d'objets dont le décryptage relève en fait du second degré. Il s'agit de ces objets qu'un groupe social privilégié s'est réappropriés en les idéalisant alors qu'ils appartiennent initialement au nécessaire des classes défavorisées. La seule innovation qui fait apparaître la connotation «objet à la mode» consiste non dans l'objet lui-même, mais dans le surclassement dont il est le bénéficiaire. Par exemple, la fonction utilitaire est mise entre parenthèses pour attribuer seulement à l'objet un intérêt esthétique : c'est le cas, dans un contexte français, des assiettes anciennes, des moulins à café manuels, des objets hétéroclites trouvés à la brocante. En les accrochant au mur, en les exposant dans un meuble vitrine, les propriétaires signifient que ces objets ne valent pas pour ce qu'ils sont effectivement. Il en est de même pour ces retours au naturel, au matériau brut, récupération esthétique de certains aspects d'une culture paysanne et populaire, réhabilitée parce qu'elle est complètement réécrite et qui acquiert ses titres de noblesse en perdant son identité d'origine. C'est bien l'entourage de l'objet et les pratiques qu'il suscite qui constituent les véritables indicateurs du niveau de lecture exigé. L'objet peut être socialement distinctif mais à condition de prendre en compte sa valeur contextuelle.

5. L'INTERPRÉTATION DU MONDE SOCIAL

De même que certaines cultures nationales peuvent être peu présentes dans l'univers des représentations (par exemple étant relativement ignorées des médias internationaux), de même «le groupe social des ouvriers, le plus nombreux dans la société française, est un de ceux dont on parle le moins, parce qu'il prend rarement la parole sur lui-même mais aussi parce que littérature, cinéma, journalisme, publicité ne mettent presque jamais en scène des ouvriers [1]». On prendra garde dans la classe de langue à

---

1. M. Bozon, *Les recherches récentes sur la culture ouvrière : une bibliographie* in *Terrain, op. cit.* (1985), pp. 46-56.
Cette faible visualité sociale se retrouve également dans *La Distinction* : alors que les classes bourgeoises et moyennes sont respectivement abordées en 72 et 68 pages, 15 pages seulement sont consacrées à la classe ouvrière.

corriger ces effets de perspective induits par certains types de documents, en introduisant par exemple le récit de vie qui, lui, valorise plutôt la représentation de groupes minoritaires [1].

L'identité d'un individu s'appréhende à travers un ou plusieurs grands principes de classement : le sexe, la génération, l'appartenance locale (régionale, nationale), la classe sociale. Identifier un individu, c'est repérer les caractéristiques qu'il partage avec les membres de chacune de ces catégories ; c'est aussi repérer ce en quoi il s'en sépare. Si la dimension pédagogique contraint, en classe de langue, à mener une description ayant un certain degré de généralité, celle-ci ne doit pas cautionner une interprétation mécaniste du fonctionnement social où l'individu serait soumis à un déterminisme externe ; l'individu doit être abordé à l'intérieur d'un espace de possibilités objectives. La notion d'habitus rend compte du probable.

« S'il est exclu que *tous* les membres de la même classe (ou même deux d'entre eux) aient fait *les mêmes expériences et dans le même ordre,* il est certain que tout membre de la même classe a des chances plus grandes que n'importe quel membre d'une autre classe de s'être trouvé affronté aux situations les plus fréquentes pour les membres de cette classe [2]. »

L'opération d'interprétation doit se faire en fonction de deux exigences :
— D'une part en fonction de son **plus ou moins grand degré de probabilité** (et non pas de vérité). Les documents, les consignes présentés en classe doivent donc inviter à jouer avec une échelle d'acceptabilité. A l'enseignant de rejeter les interprétations inacceptables parce qu'elles sont aberrantes.
— D'autre part, en fonction **des variables contextuelles** qui font qu'une lecture au second degré est plus plausible qu'une lecture au premier, que le déchiffrement d'une opinion doit être associé aux représentations identitaires de celui qui l'énonce [3].

---

1. Cf. chapitre 3 : 2.3. Le récit de vie.
2. P. Bourdieu, *op. cit.* (1980), p. 100.
3. Cf. chapitre 4 : 1.3.1. Le regard critique.

3. Quels documents ?

1. L'AUTHENTICITÉ À L'ÉCOLE

1.1. L'authenticité, une convention scolaire

Les documents authentiques font entrer en trombe le réel dans la classe. Des objets, des discours empruntés directement à la culture étrangère viennent témoigner du quotidien d'une culture. Enquêtes, sondages, interviews, bulletins météorologiques (plus largement émissions radiophoniques), petites annonces, faire-part de mariage, de décès, chansons, pages publicitaires sont extraits des media écrits et parlés. Formulaires administratifs, catalogues de vente par correspondance largement diffusés auprès du public français, entrent dans les manuels de français langue étrangère.

Par rapport aux documents fabriqués spécialement pour le contexte scolaire, l'intérêt est double :
— l'élève se trouve confronté aux mêmes objets culturels que le natif ;
— le statut du support pédagogique se modifie en englobant des produits non scolaires. La mise en scène des faits culturels gagne en véracité et en crédibilité. Regardons de plus près autour de quelles règles s'organise l'authenticité de ces documents.

Dans le manuel scolaire, comme au théâtre ou au cinéma, le naturel et l'authentique sont l'objet de conventions. Le théâtre classique français du XVIIᵉ siècle propose une mise en scène des faits fondée sur l'unité de temps, de lieu et d'action au nom de la vraisemblance. Le mouvement réaliste et naturaliste propose d'autres critères pour décrire le réel dans la littérature française du XIXᵉ. Les progrès techniques du cinéma imposent des mutations profondes dans la mise en images des événements et des faits ; la vraisemblance du cinéma muet n'a pas la même logique que celle du cinéma parlant, etc. Dans la classe de F.L.E., la mise en scène des faits culturels proposée par les documents authentiques obéit aussi à des conventions. Lesquelles ?

Le succès remporté par l'emploi du document authentique repose sur le paradoxe suivant : montrer un réel non édulcoré pour les besoins de l'apprentissage scolaire et donner à l'élève un statut gratifiant.

Conduit à décoder les mêmes documents que le natif, l'élève se trouve engagé dans une relation à la culture étrangère qui lui est présentée comme directe. Or un document authentique n'est pas toujours la copie systématique du document original dont il provient. L'enseignant peut le raccourcir, supprimer des éléments, réécrire des passages. Les contraintes propres au public, celles propres à l'institution scolaire conduisent souvent à des modifications du document dont l'élève n'est pas informé. On peut dire que le document authentique est souvent l'objet de trucages qui sont à la pédagogie ce que le *flash-back,* l'arrêt sur image ou la voix *off* sont au cinéma : une mise en scène du réel.

Mais, dans la classe de langue, celle-ci se construit en fonction des objectifs d'apprentissage et de la motivation des élèves.

La fiction d'une relation directe à la culture étrangère est en effet motivante : l'élève partage d'une certaine façon le statut du natif en étant confronté aux mêmes documents que lui. Dans la classe, l'élève est invité à faire « comme si » il était natif, « comme si » il se trouvait en France. C'est le principe de l'activité ludique, si présente dans les matériaux pédagogiques qui installent la fiction dans la classe de langue. Les situations de théâtralisation, de mime, de simulation convient l'élève à oublier que celles-ci sont souvent fabriquées pour les besoins de la classe.

Les conventions qui régissent la mise en scène de l'authenticité dans les outils pédagogiques de la classe de langue tiennent pour négligeable ce qui sépare l'expérience *in vitro* de l'expérience *in vivo*, l'apprentissage institutionnalisé de l'apprentissage non scolaire. La notion d'authentique, tout comme celle de naturel, est un artifice. Dans son analyse [1], Henri Besse remarque qu'un texte est toujours fabriqué par un auteur et que l'authenticité consiste à utiliser un texte aux fins pour lesquelles il a été produit. En confrontant la lettre de la définition et le critère formulé par Henri Besse, le document authentique ne l'est pas puisqu'il est un objet extrait de son contexte d'origine. Le document authentique fonctionne dans une illusion de réalité :

« Produit par un francophone pour des francophones et présenté comme tel dans la classe, le texte "authentique" convoque à son décodage des francophones, ce qui peut donner à ceux qui cherchent à le devenir l'illusion qu'ils le sont déjà [2]. »

La notion d'authentique n'est pas la seule à taquiner la frontière de l'illusion et de la réalité. Lorsqu'il s'interroge sur le sens que peut avoir dans la classe l'expression « discours naturels », Daniel Coste en souligne les usages paradoxaux [3] : les discours de la classe ne peuvent être confondus avec des discours spontanés, en prise directe sur le monde, produits dans les interactions quotidiennes, hors de la classe. Néanmoins, les discours de la classe sont naturels quand ils sont conformes au rituel scolaire, la classe étant aussi un lieu d'interaction sociale.

Étroitement enlacés dans la dynamique même de l'apprentissage, le vrai et le faux, le réel et le fabriqué, l'authentique et la fiction imposent aux partenaires scolaires le flou de leurs frontières : un brouillage constitutif même de la situation d'enseignement. Mais déréalisé, le contenu culturel perdrait de sa conviction et de son impact. Alors comment se construit le degré de vérité d'un document ?

---

1. H. Besse, *De la pratique des textes non littéraires au niveau 2* in *Le Français dans le Monde*. Paris, Hachette/Larousse (janvier 1980), n° 150, pp. 50 à 57.
2. H. Besse, *op. cit.* (1980), repris dans *Polémique en didactique*. Paris, Clé International (1980), pp. 81-89.
3. D. Coste, *Les Discours naturels de la classe* in *Le Français dans le Monde*. Paris, Hachette/Larousse (février-mars 1984), pp. 16 à 24.

1.2. Les incompabilités entre la vérité scolaire et la description anthropologique

Le cinéma et le théâtre ont leur manière de dire le vrai. Le document didactique a les siennes : il doit être conforme aux objectifs éducatifs de l'institution scolaire. Au-delà de la banalité apparente de cet énoncé, voyons ici en quoi l'école impose une certaine mise en scène des faits culturels, une certaine définition du vrai qui peut être parfois en contradiction avec les exigences de la démarche anthropologique.

1.2.1. Un exemple : les usages du corps

Voici des extraits d'un récit autobiographique, conforme à la définition du document authentique mais qui a toutes les chances de ne jamais être un document scolaire.

Par son expérience personnelle des règles scolaires, par son sens social qui apprécie intuitivement ce qui est toléré ou rejeté par l'école, l'enseignant ou le concepteur de manuel ne retiendra pas ce type de document. Comme le dit l'auteur de ce récit, devenue depuis enseignante, l'éducation corporelle est davantage exigée à l'école qu'enseignée. Seules les « bonnes manières » sont tolérables à l'école.

La définition des bons usages du corps varie considérablement selon le système éducatif (par exemple, les principes d'une éducation sexuelle peuvent être explicitement intégrés au programme scolaire ou au contraire en être rigoureusement exclus). Les pratiques autorisées ou taboues varient également d'une culture à l'autre, d'une époque à l'autre. Leurs incidences dans la vie quotidienne sont fortes : en dépend la conception de la morale, de la beauté physique et de l'attrait érotique (cf. document). Ces variations dans la perception du corps et de ses attributs symboliques se retrouvent à l'intérieur d'une même communauté nationale comme en témoigne le récit d'Annie Ernaux. Alors que ses parents tiennent un café-épicerie dans un quartier populaire d'une ville de province française, l'auteur montre au prix de quelles difficultés et de quels renoncements elle doit apprendre un nouveau langage corporel. Lorsque, enfant, elle devient élève d'une école privée, lorsque, adolescente, elle cherche à partager les valeurs bourgeoises de ses camarades, elle expérimente d'autres systèmes de valeurs.

Faute d'être explicitement pris en charge par l'école, ces apprentissages, lorsqu'ils sont exigés par ailleurs, sont douloureux et sont vécus dans la gêne et le malaise[1]. Relatant une scène de confession à l'église catholique, le témoignage d'Annie Ernaux en fait foi. Il s'agit ici du passage d'un groupe

---

1. Pour une analyse plus détaillée de la représentation des usages légitimes du corps, cf. P. Bourdieu, *La Distinction*, p. 228.

« DES TRUCS IRRACONTABLES
A FAIRE S'ÉVANOUIR LES PROFS »

J'écris joyeusement. Voleuse de sucre, paresseuse, désobéissante, toucheuse d'endroits vilains, tout est péché, pas un coin de souvenir pur. Mais après, il ne restera plus rien. « Huit » souffle Françoise. Je m'inquiète « dix-sept ! » Huit à dix-sept... Rien à faire, je n'adore pas Dieu, je ne respecte pas mes parents, tout est à dire. Le seul moyen, en faire passer deux ensemble. Le papier à la main, nous voici en rang dans la chapelle. Péchés de toutes les filles dans l'air, rigolades, encens et bancs bousculés, c'est la fête au milieu des soustractions et de la grammaire. Serrées les unes contre les autres, la jupe sous les fesses de la voisine, mélangées, semblables. L'une après l'autre, elles disparaissent dans la petite maison de bois à deux entrées, hop, un volet tiré puis l'autre. Il n'y a pas de rideaux, le truc affreux que je me rappelle.

Je n'ai vu que ses yeux bleus glacés et les broderies vertes qui se perdaient derrière les grilles. J'ai tout lu, posément, j'ai plié le papier et je l'ai regardé. Un seul péché l'a intéressé, combien de fois, toute seule ? Des garçons ? Je réponds tranquillement mais ses yeux sont méchants. Tout à coup, il se met à débiter des choses à une allure folle, des choses sèches, grouillantes. Une horrible bête grandit entre mes jambes, plate, rouge comme une punaise, « immonde ». Ne pas la voir, ne pas la toucher, la cacher à tous, c'est le diable qui est dedans, tout chaud, qui me chatouille et me picote, Dieu, la vierge, les saints vont m'abandonner... « Dites l'acte de contrition. » Quand je me suis relevée, ahurie, je suis allée m'agenouiller très loin. J'étais sûre qu'il continuait de me regarder avec ses yeux fixes et il allait raconter mes péchés à tout le monde. J'avais cru les fourguer d'un seul coup, les voir disparaître comme les billes dans le pot, et il m'avait mis le nez dedans, M. l'abbé, il m'en avait couvert des pieds à la tête. J'en suis sortie sale et seule. Il n'y avait que moi, personne d'autre ne glissait le doigt dans le quat'sous, personne ne le regardait dans une glace, personne ne rêvait de faire pipi à plusieurs. Toute seule. Derrière moi, la classe chuchotait, libre, sans péchés mortels. Si les autres avaient été comme moi, il n'aurait pas fait un tel foin. Rien à faire, j'étais rejetée, coupée des autres par des trucs « immondes ». En une dizaine de phrases, les images mystérieuses, les fleurs étranges qui montent le long des cuisses, les mains aux mains accrochées, impatientes, les fouilles suivies de comparaisons avec Monette derrière les casiers, toutes culottes dehors, plus rien, il n'y a plus qu'une pantomime horrible, des gestes « déshonnêtes », des pensées impures. Plus un coin de clair et d'heureux. La bête est en moi, partout. Peut-être que si je ne bouge pas, si je reste agenouillée devant les statues blanches, je deviendrai pure, recouverte de la belle robe blanche dont il m'a parlé. Une belle statue moi aussi. Mais je vais repartir, les péchés vont me ressauter dessus comme un boisseau de puces. Je le sentais que c'était fichu d'avance, toute ma vie, un monstrueux péché. Pas de salut possible. Coupable, coupable.

A. Ernaux, *Les Armoires vides*.
Paris, Gallimard (1985), « Folio » n° 1600, pp. 64 à 66.

socio-culturel à un autre à l'intérieur d'une même communauté nationale. Le malaise existe *a fortiori*, lorsqu'il s'agit pour un individu de prendre la mesure des règles en usage dans une communauté nationale à laquelle il n'appartient pas...

Le corps et ses usages est un sujet sur lequel l'école se tait. Ce n'est pas le seul. Des passifs historiques peuvent exister entre la culture maternelle et la culture étrangère de l'élève (guerre, différents économiques, choix idéologiques, religieux et politiques divergents) et peuvent être aussi exclus de la mise en scène scolaire des faits culturels. C'est justement dans ces zones de silence que naissent les malentendus culturels et les préjugés racistes. Alors que la logique de la description des faits culturels impose d'en rendre compte, la logique de l'institution scolaire impose de les taire.

1.2.2. *Entre le réel et l'école, de quelle liberté disposer ?*

Pour choisir ses documents, de quelle marge de manœuvre bénéficie l'enseignant face aux contraintes scolaires ? Il ne peut y avoir de réponse universelle, on s'en doute, et chaque enseignant doit s'en remettre à son intuition personnelle pour évaluer la tolérance du système éducatif et de ses élèves face à une mise en scène non classique du savoir scolaire. Il y a les cas où l'école enseigne une stricte conformité sociale (cas de certaines institutions religieuses, d'établissements où règles morales et principes civiques sont confondus) : c'est l'institution — à l'exclusion de l'enseignant — qui définit le contenu scolaire et la **« vérité anthropologique »** doit céder le pas à la **« vérité scolaire »**.

EXEMPLE

Ce visage, lorsqu'il est masculin, vaut moins par ses qualités plas-
tiques que par son expression. Il a fallu l' « impudicité » des marquises
pour avouer leur goût des charmants visages à l'œil tendre ou plein de
feu, au front lisse, aux lèvres bien dessinées. Les hommes affectent de ne
pas tenir leur face et leur cuir chevelu pour des objets érotiques. Pourtant
c'est là que poussent des phanères masculins fort caractéristiques, et les
arborer on non relève bien d'une tactique mêlant astucieusement la com-
modité et la volonté de paraître séduisant. La valeur érotique de la barbe,
de la moustache et des cheveux dépend assez étroitement du contexte
culturel. Pour plaire aux femmes, les hommes sont rasés ou non. ils portent la barbe entière, en bouc, à la royale, nattée, frisée, laquée, parfumée,
en collier, ils portent des pattes, des favoris, des « côtelettes », des mous-
taches longues ou courtes, cirées, tombantes ou érigées (des artifices noc-
turnes les maintiennent « altières »), en balai, à la Hitler, à la gauloise, à
la turque ; ils gardent les cheveux longs ou mi-longs, ils les coupent en
brosse ou les rasent radicalement, ils les ordonnent avec une raie médiane
ou latérale, ils les font onduler, friser, teindre, poudrer, natter ; ils ont
arboré perruque, ils en portent encore dans les prétoires anglais, certains
chauves ont 30 moumoutes de longueur capillaire croissante, d'autres se
font greffer du cuir chevelu occipital sur les régions dégarnies.

La signification allouée à la plus ou moins grande importance du poil
exhibé est si variable que selon les conditions géographiques et historiques
elle transmet des messages contradictoires. La tignasse de Samson était
le gage de sa force, alors que le belliqueux cavalier mongol est rasé, que
les sabreurs arabes ne conservaient qu'une mèche rituelle ; les mousque-
taires portaient cheveux longs et les samouraïs un archi-précieux chignon,
alors que les « marines » américains sont fiers de leur brosse archi-courte
(on pourrait ainsi distinguer les violents chevelus à lance ou à épée, et les
violents à poil court dressés au corps à corps). Les « têtes d'œufs » des
universitaires chauves et pacifistes s'attirent les quolibets des militaires
du Pentagone, mais d'autres pacifistes, style « hippie », hindouïstes assez
paradoxaux (puisque les guerriers Sikhs sont de féroces chevelus entur-
bannés), portent tout leur poil ; se trouvant aussi séduisants que les popes
hirsutes s'estiment à l'abri de la convoitise femelle, de mignons jeunes
gens révolutionnaires... à tous crins montrent un visage aussi barbu-che-
velu que celui du Saint-Suaire. Leurs pères qui stigmatisent le « laisser-
aller » de « la jeunesse à cheveux longs » — et furent peut-être zazous
dans les années quarante — ne s'offusquent pas de l'hirsutisme léonin
du buste de Beethoven qui orne leur piano, ne trouvent rien à redire aux
« cheveux de fille » de Chopin, et peuvent penser qu'une partie du génie
de Brahms tenait à sa barbe et à ses crins tombant en baguette de tam-
bour ; s'appuyant en général sur la dévotion au sabre et au goupillon,
ceux qui réprouvent la pilosité excessive des adolescents devraient exiger
aussi qu'on retaille les effigies du Christ, dont la tignasse sournoisement
féminine est une véritable injure à la virilité.

Dr G. Zwang, *La Fonction érotique,* tome I.
Paris, Robert Laffont (1972), pp. 230-231.

Il y a aussi les cas où le système scolaire accorde une place à l'initiative de l'enseignant dans l'interprétation du contenu culturel à enseigner et dans le choix des documents scolaires. Les impératifs de la description anthropologique peuvent être alors davantage pris en compte.

Mais lorsque l'enseignant assure la formation d'élèves qui ont un projet de séjour en pays étranger (ou en pays francophone), la « vérité scolaire » devrait disparaître au profit de la seule « vérité anthropologique », faute de quoi les élèves seront totalement démunis face au choc culturel que représente toujours un séjour à l'étranger.

1.3. L'individu moyen, une fiction pédagogique

Tenons maintenant pour établi que l'authentique, le vrai ou le réel — pour ce moment de notre réflexion, la distinction entre ces trois termes offre peu d'intérêt — sont toujours le résultat de conventions et qu'il n'est pas possible de les trouver à l'état pur, naturel ou absolu, qu'il s'agisse de théâtre, de cinéma ou de didactique. Comme l'expression des sentiments et des émotions ou l'évocation d'un moment du passé obéissent à des artifices sur la scène de théâtre ou sur l'écran de cinéma, la mise en scène de l'intention réaliste dans la description des faits culturels a ses règles de composition.

De ce point de vue, on peut dire que la mise en scène de l'individu moyen français dans les manuels ou outils didactiques représente une première gamme de possibilités. Voici deux variations sur un même thème (la journée d'un Français) qui exploitent, à des titres différents, la recherche d'un dénominateur commun dans la description des pratiques culturelles. Dans les deux cas, l'intention réaliste recherche un **effet générique** : décrire des individus en leur attribuant le maximum de propriétés socio-culturelles. L'aspect proprement individuel et donc particulier est effacé au profit de la recherche d'une représentativité maximale. L'individu — les membres de la famille Dumont, Alain Richard ou Mme de la Roche — est institué représentant du groupe auquel il appartient, représentant d'autant plus fidèle qu'il concentre en une seule personne un nombre élevé de caractéristiques de ce groupe. La réalité de M. Dumont ou de Mme de la Roche tient, ici, à son degré de généralité. Chaque individu est, pour l'élève de français langue étrangère, le porte-parole d'un groupe et vaut pour son exemplarité.

Les vertus pédagogiques de cette mise en scène de la réalité socio-culturelle sont loin d'être négligeables puisqu'il y a une grande économie de moyens : il suffirait de décrire un individu pour rendre compte des pratiques culturelles de milliers d'autres personnes. Pour un élève privé de toutes références dans la culture étrangère, la fiction didactique de l'individu moyen permettrait de donner en un laps de temps très court, un réseau de repères efficaces dans la mesure où ces repères auraient un degré maximum de généralité.

EXEMPLE

LA JOURNÉE DES DUMONT

sept heures

Mme Dumont se lève. Elle fait sa toilette, puis elle réveille les enfants.

M. Dumont part de chez lui pour prendre son train.

sept heures et demie

Les enfants se lavent et s'habillent pendant que Mme Dumont prépare le petit déjeuner.

M. Dumont est dans le métro.

huit heures moins cinq

Les enfants vont à l'école.

M. Dumont arrive au bureau. Il commence à huit heures.

onze heures

Mme Dumont fait le ménage.

M. Dumont dicte une lettre.

H. Haberzettl, F. Hönbe-Grosjean, J.-P. Martin, R. Rauch, *A bientôt.* Stuttgart, Klett (1978).

L'EMPLOI DU TEMPS
DE PERSONNAGES

Alain RICHARD
Publicitaire

1982	MARS

Lundi 8
matin. Atelier maquettes
après. midi : idem
soirée : Festival d'Automne

Mardi 9
Voyage Londres. Rendez-vous
Chef de Publicité magazine "Times"

Mercredi 10
matin : Retour de Londres
en fin de matinée
après-midi : Bureau téléphoner à Jane
soir : Atelier

Jeudi 11
matin : Atelier
après. midi : Tournage
soirée : Libre

Vendredi 12
matin : Montage-mixage
après-midi : Atelier et bureau
soir : Cinéma

Samedi 13 — Jogging au bois / chercher partenaire pour tennis — **Dimanche 14**
matin : Bureau
après-midi : Sauna
et salon de coiffure
soirée : Dîner en ville avec des amis   91

Madame DE LA ROCHE
Ne travaille pas

Pierre VIGNAU
Agent de police

1981	NOVEMBRE-DÉCEMBRE

Lundi 30
matin : Arrivée de la nouvelle femme de ménage - mise au courant
après-midi : libre - Chercher Baby Sitter pour mercredi A.M. - Tél à une amie pour exposition
vendredi - Chercher peintre pour la salle de bains

Mardi 1er
matin : Institut de beauté
après-midi : Coiffeur
soirée : dîner à la maison (les Grimaldi viennent dîner)

Mercredi 2
matin : toilettage du chien
après-midi : pour la sortie de la femme de ménage - Club d'aide aux réfugiés d'Asie

Jeudi 3
matin : Cours de danse Salle Pleyel
après-midi : Exposition avec une amie
soirée : Cocktail à 18 h

Vendredi 4
matin : libre
après-midi : bridge à 15 h 15
soirée : départ en wagon-lit pour Megève

Samedi 5 / Dimanche 6
MEGÈVE - Ski / MEGÈVE - Ski avec Louis
prévoir Baby Sitter pour le week-end

1982	AVRIL

Lundi 5
Service

Mardi 6
Libre toute la journée, bricolage (peinture)

Mercredi 7
matin : Service
après-m.d. : réunion hebdomadaire de service

Jeudi 8
Service
soirée : réunion syndicale

Vendredi 9
Service

Samedi 10 / Dimanche 11 PAQUES
matin : Gym au club / Service
Ap. m. d. : service / bicyclette avec les enfants
soirée : " / télévision.

J. Courtillon, S. Raillard, *Archipel*, unités 1 à 7.
C.R.E.D.I.F./Didier (1982).

Quelles sont les limites de ce mode de description ? **Plus l'individu moyen représente un groupe important, plus la fiabilité de la description est sujette à caution.** C'est sur ce point que divergent les options didactiques des deux exemples précédents. La présentation simultanée de l'emploi du temps de M. et Mme Dumont et de leurs enfants induit une description du noyau familial en général. Le cadran horaire, le nom de famille choisi en raison de sa grande banalité dans la société française, le titre de la leçon (« La journée des… ») mettent l'accent sur les régularités qui ponctuent le déroulement d'une journée de travail. Certains indices caractérisent socialement M. Dumont : un employé de bureau dont la femme ne travaille pas, qui a une secrétaire (sans doute sous ses ordres), qui prend le métro et qui mange à la cantine. Pour les auteurs, la pertinence du mode de description relève du juste milieu sans qu'il soit cependant possible de préciser de quel milieu et de quel groupe social il est question : s'agit-il de l'employé de bureau moyen (l'entrée est dans ce cas socio-professionnelle) ou de la famille française moyenne (l'entrée est dans ce cas nationale) ?

Davantage contextualisé, le parti pris de l'autre document est plus clair : ce n'est plus un, mais sept modèles qui sont présentés (le document reproduit ici n'en reprend que trois) ; ce n'est plus une journée comme les autres mais l'emploi du temps d'une semaine datée avec précision ; le degré de généralité est moins large, chaque personnage étant explicitement épinglé dans sa catégorie socio-professionnelle (avec cependant une rupture pour les sans profession : l'une étant identifiée comme mère de famille, l'autre comme ne travaillant pas). La fiction de l'agenda écarte les activités répétitives (dormir, se laver, manger...), installe chaque individu dans l'événementiel, mais pointe les propriétés caractéristiques : l'agent de police fait son service, l'étudiant suit ses cours, la comédienne répète. Sur ce dernier point, on remarquera que la fiction didactique joue encore à plein : l'étudiant doit-il se rappeler par écrit qu'il va en cours « s'il est en forme » et la mère de famille qu'elle doit conduire ses enfants à l'école ?

On voit ici concrètement où se situe la difficulté de la description : ce qui est banal et donc allant de soi pour le natif est caractéristique donc typique pour l'étranger, deux logiques qui s'excluent dans leur mode de description. L'une relève du silence pour le natif (« il n'y a rien à dire »), l'autre relève de l'explication pour l'étranger.

On voit également à travers ces deux documents, que plus on cède à la tentation de la généralité, plus la précision de la description s'estompe : si la visée est trop large, on risque de ne donner à voir aux élèves qu'une réalité insipide (par exemple : dormir, manger). Mais, contradictoirement, la mise en scène d'un individu saturé en propriétés typiques est elle-même artificielle. L'individu n'est plus alors interpellé en tant que représentant d'un groupe mais en tant que type idéal justifiant d'une telle concentration d'attributs typiques qu'elle est introuvable dans la vie quotidienne, ou tellement rare qu'elle est unique et donc — paradoxe — dénuée de toute représentativité. **La fiction de l'individu moyen, rentable sur le plan strictement pédagogique est donc délicate à manipuler sur le plan méthodologique. Elle peut cautionner la mise en scène de personnages revendiquant une universalité humaine ou réduits à quelques traits stéréotypés [1].**

---

1. Pour prolonger cette réflexion sur l'image des méthodes, cf. C. De Margerie, L. Porcher, *Des médias dans les cours de langues*. Paris, Clé International (1981), plus particulièrement pp. 25 à 31.

QUELS DOCUMENTS ?

2. DOCUMENTS ET IDÉOLOGIE

2.1. La part du contexte d'enseignement

L'institution scolaire oriente la description des faits culturels, on vient de le voir, et impose un type de sélection des documents. Le document de civilisation ne fonctionne donc pas dans l'absolu. Dans certains contextes d'enseignement, l'écart culturel qui peut parfois exister entre la culture enseignée et la culture maternelle de l'élève mérite l'attention de l'enseignant, et doit amener à réfléchir sur la vision du monde qui peut être véhiculée par certains documents.

De façon intuitive, l'enseignant sait qu'il serait du plus mauvais goût de proposer un dossier sur la gastronomie française à un public souffrant de malnutrition ou de difficultés d'approvisionnement alimentaire : le contexte intervient dans ce cas comme critère dans la sélection des documents. Ce critère devrait être déterminant dans certains contextes d'enseignement où un rapport de domination existe ou a existé entre la culture maternelle de l'élève et la culture enseignée. A ce titre, il importe de reconnaître que la France, le Québec appartiennent à l'aire occidentale, et que ce fait n'est pas indifférent lorsqu'on enseigne le français dans un pays en voie de développement ou dans une ancienne colonie française (pays du Maghreb, Madagascar, etc.).

Les relations complexes qu'entretiennent la culture maternelle de l'élève et la culture enseignée se retrouvent également au niveau des **tabous**[1]. Faut-il supprimer sans autre forme de procès toute allusion au bœuf ou au porc dans un document français destiné à un public hindouiste ou musulman ? Faut-il négliger de parler de la mort parce que ce sujet est mal toléré par le public français alors que ce concept peut jouer un rôle éminent dans la culture maternelle de l'élève ? Autant de questions souvent éludées au nom du « respect des cultures » mais qui brouillent la relation entre deux environnements culturels si elles ne sont pas ouvertement posées. Si l'on fait le postulat que la classe de langue doit être le lieu où s'explicite l'implicite, elle ne doit pas entériner le silence et, dans le cadre d'une progression construite, le rôle social des tabous culturels doit être abordé.

2.2. Le document d'actualité ou la valorisation du progrès

L'utilisation du document authentique tend à privilégier une présentation de la société articulée sur l'actualité. Que le document authentique valorise l'actualité n'a, dans les faits, rien d'étonnant. Sélectionné majoritairement dans les médias, il ne peut s'affranchir des caractéristiques suivantes :
— diffusion de masse,
— information inédite,
— à caractère périssable.

---

1. Cf. chapitre 4 : 2.2. Cultures éloignées : apprendre à penser l'impensable.

Le document authentique induit une vision dynamique de la société, privilégiant implicitement les idées à l'ordre du jour, les faits de société en émergence, les innovations technologiques, les courants de la dernière heure. Le récent l'emporte sur la pérennité, le nouveau prédomine sur la stabilité. Dans cette description des faits culturels, une certaine définition du progrès a le maître mot.

Dans certains contextes éducatifs, cette mise en relief des mutations technologiques et sociales peut avoir des incidences profondes sur la façon dont l'élève perçoit sa culture maternelle. Faute de prendre explicitement en charge cette dimension, n'encourage-t-on pas — dans toute la brutalité des adhésions qui ne sont pas vécues comme un choix — un rapport de séduction ou de rejet vis-à-vis des réalisations les plus voyantes de la civilisation occidentale ? Si cette séduction profite à la diffusion de la langue, tant mieux !, pourra-t-on penser avec pragmatisme. Mais ce rapport d'adhésion immédiate, entraîne, qu'il soit positif ou négatif, une relation aveugle à la culture étrangère et constitue le premier obstacle au déchiffrement des faits culturels.

Certes, des garde-fous méthodologiques existent pour une présentation nuancée et critique de cette **mise en scène du progrès** dans sa version occidentale. Le dossier rassemble des points de vue diversifiés sur un même sujet. Le **débat,** qui souvent prolonge le dossier, peut être un moment où l'élève réfléchit, prend conscience, argumente en s'appuyant sur un jeu d'opinions et d'analyses contradictoires. Ce sont certes des moments stimulants où l'élève peut être amené à prendre ses distances par rapport aux modèles culturels étrangers qui lui sont présentés.

Ces garde-fous méthodologiques sont-ils suffisants ? Suffit-il, dans un dossier où figure le T.G.V., de glisser une coupure de presse sur le mécontentement des riverains pour relativiser le pouvoir de séduction d'une technologie avancée ? Le débat est-il un lieu de réflexion suffisamment fort pour détourner l'impact des idéologies importées et de la modernité et contourner les effets pervers de l'interprétation ? Si le débat est d'abord une activité de réemploi linguistique où s'évaluent les acquisitions des élèves dans le cadre d'une prise de parole personnelle, il n'est pas forcément l'occasion d'une mise en pratique de la relativité culturelle. Dans ce cas, l'exercice de la parole est davantage un spectacle que les élèves offrent à eux-mêmes et à leur enseignant qu'un moment de réflexion, qu'une étape dans la prise de conscience des relations conflictuelles entre cultures différentes.

Ces rapports de force apparaissent quel que soit l'angle adopté pour décrire la société française ou francophone : qu'il s'agisse de présenter une vision enchantée comme dans les documents à caractère publicitaire ou qu'il s'agisse de présenter une société secouée par une crise morale ou économique. C'est le cas par exemple des thèmes qui induisent a priori une réflexion critique sur la société occidentale — le chômage, la pollution — mais qui témoignent en même temps d'un niveau de vie, d'exigences qui sont souvent hors de la portée immédiate de pays où l'indemnisation des chômeurs, la lutte contre le bruit peuvent être perçues comme un luxe économique.

Les seuls critères linguistiques sont nécessaires mais insuffisants pour choisir les documents sur lesquels porte la classe de langue. Un **document publicitaire** est d'abord, quel que soit son message explicite, le témoin d'une société de consommation et induit donc une représentation de la culture à laquelle il appartient. Le contexte d'enseignement peut lui aussi induire un certain type d'interprétation selon la nature des documents présentés. On ne peut donc choisir les documents pour la classe en vertu d'une seule perspective universaliste. Mais la question suivante mérite un examen : quels sont les documents qui décrivent le mieux une culture pour quelqu'un qui y est étranger ? Voici trois types de documents qui apportent chacun des éléments de réponse à cette interrogation.

2.3. Le récit de vie

2.3.1. Les a priori de ce type de document

Plutôt ignoré jusqu'alors dans la classe de langue [1], le récit de vie est un outil de collecte d'informations, maintenant banalisé parmi certains courants de recherche en sociologie et en ethnologie. Pour la classe de langue, le récit de vie est un document qui offre certains avantages.

C'est un outil de description du quotidien qui ne met pas a priori l'accent sur les grands dispositifs sociaux (classes sociales, appareils d'État, organisations et systèmes) mais qui **valorise une représentation des pratiques culturelles à l'échelle individuelle.** La quotidienneté n'est donc pas systématiquement mise en scène dans ses aspects événementiels, spectaculaires, médiatisés, mais se trouve d'emblée présentée à travers le prisme subjectif d'un sujet singulier. De ce point de vue, le récit de vie s'apparente au témoignage, et propose une description des faits culturels qui se donne explicitement comme partielle et limitée. Le point de vue général et panoramique est absent. La vie quotidienne est abordée à travers le récit qu'en fait un individu.

Cet individu n'est ni un héros national, ni un homme dont les médias ont imposé la célébrité, ni un personnage public dont la parole fait autorité. **Le récit de vie sort de l'anonymat une**

---

1. E. Marc et M. Catani ont bien voulu signaler l'importance de cet outil dans la classe de langue.

E. Marc, *Le Récit de vie ou la culture vivante* in *Le Français dans le Monde,* n° 181. D'une culture à l'autre. Paris, Hachette/Larousse (novembre-décembre 1983), pp. 72 à 83.

M. Catani, *Les Séquences biographiques dans l'enseignement du Français Langue Étrangère* in *Les Amis de Sèvres.* Sèvres, C.I.E.P. (septembre 1985), n° 3.

expérience individuelle qui ne prétend pas à être de l'ordre de l'exceptionnel. Louis Lengrand, Gaston Lucas [1] ne se posent ni en porte-parole, ni en représentants de la communauté des mineurs du Nord ou des serruriers. Ils ne témoignent que pour ce qu'ils sont : ni hors du commun, ni exemplaires. Ces récits livrent tous les indices qui permettent de situer ceux qui parlent à travers leur origine sociale, leur appartenance régionale, leur milieu familial, leur parcours individuel.

Le récit de vie rend compte du facteur temps dans la dynamique des mutations sociales. Les personnes auxquelles le récit de vie donne la parole sont en général dans le deuxième versant de leur vie. C'est souvent une période d'une cinquantaine d'années qui est balayée par le narrateur, le temps étant ainsi appréhendé selon l'unité de mesure d'une ou deux générations. Ainsi construit, le document ne valorise pas exclusivement l'actualité immédiate mais montre plutôt un déroulement, une progression, une **trajectoire** — celle d'une ou plusieurs générations. Les événements nationaux, médiatiques, apparaissent par incidentes. Le document est ainsi chargé d'un contenu allusif important qu'il appartient de révéler et de décoder en classe.

Comme tout instrument de recueil de données, le récit de vie valorise et laisse dans l'ombre certains aspects des faits culturels. A l'origine utilisé pour recueillir des informations sur des cultures en voie de disparition [2], cet outil a été employé dans le cadre de travaux portant sur certains aspects du contexte français : cultures régionales, cultures rurales, cultures ouvrières reconnues comme objets d'étude dans la mesure où les mutations du XXe siècle les menacent de disparition. **Le récit de vie tend à valoriser les aspects culturels qui témoignent d'un passé révolu et qui illustrent la notion récente de patrimoine culturel.** Le récit de vie rapporte des pratiques culturelles en usage il y a trente ou quarante ans, qui appartenaient à l'époque à un quotidien banalisé, et qui sont maintenant érigées en objets dignes de l'intérêt scientifique.

Des catégories professionnelles (par exemple, les mineurs) et leurs techniques de travail, des groupes sociaux souvent négligés par l'histoire traditionnelle (les femmes, par exemple) accèdent à la parole. Les groupes dominés sont majoritairement représentés dans le récit de vie : on ne peut soupçonner ce type de document d'une vision triomphante de la culture française contemporaine.

Ce type de document, pas plus que d'autres, ne peut être déconnecté de ses implications idéologiques : il véhicule la mémoire du peuple et à côté de son usage anthropologique et sociologique, il peut dériver vers le populisme, le régionalisme littéraire, avatars de la tradition du roman réaliste comme le

---

1. Cf. fiche pp. 93 à 95.
2. Par exemple : Don C. Talayesva, *Soleil Hopi. L'Autobiographie d'un indien Hopi.* Paris, Plon (1959), collection « Terre Humaine ».

souligne J.-C. Chamboredon[1]. Ce type de matériel est produit par une société qui se heurte, pour reprendre les termes d'E. Marc, à « une crise du sens et de l'identité[2] », qui s'interroge sur ses racines et sur ce qui fonde son identité et qui ne peut se défendre d'un **regard enchanté sur le passé.**

2.3.2. La portée pédagogique

Quelles sont les propriétés du récit de vie qui peuvent être mises en valeur dans la classe de langue ?

Le récit de vie propose une relation des faits culturels qui valorise tout à fait la vie quotidienne et qui met à plat l'expérience sociale d'un sujet individuel. Les apprentissages sociaux du natif s'y trouvent relatés, le savoir culturel n'est pas présenté comme accompli mais construit à travers la succession d'expériences diverses. L'élève de la classe de langue n'a pas comme modèle un individu théorique, résultante abstraite d'une moyenne des pratiques culturelles, mais rencontre un partenaire qui, comme lui, est pétri par ses antécédents familiaux, sociaux, historiques… Dans un va-et-vient entre la culture étrangère et sa culture maternelle, l'élève se mesure à un individu dont le vécu soutient la comparaison avec sa propre expérience.

Le récit de vie peut faciliter la réflexion sur les problèmes de l'identité. Les pratiques culturelles étrangères ne sont pas les oriflammes d'une nation ; **le recours à la généralisation à partir d'un cas particulier se trouve explicitement posé** ; les membres de groupes sociaux dominés accèdent à la reconnaissance. Autant de caractéristiques qui peuvent aider à désamorcer la relation de séduction aveugle que peut véhiculer une culture étrangère occidentale dans certains contextes d'enseignement. Le rapport entre les cultures étrangère et maternelle peut être, au moins dans un premier temps, établi en fonction d'une définition de la tradition et du passé qui ne déstabilise pas systématiquement les valeurs de référence de l'élève.

Dans le récit de vie, l'individu est saisi dans sa relation à l'environnement : comment à travers la parole individuelle s'exprime l'appartenance à plusieurs communautés (la famille, les membres de la même génération, l'adhésion aux valeurs locales, régionales, nationales). En quoi la trajectoire individuelle présentée est-elle singulière ? Jusqu'où est-elle représentative des groupes sociaux auxquels appartient le narrateur ?

Autant de questions auxquelles le récit de vie ne peut seul répondre. La remarque méthodologique de J.-C. Chamboredon sur le récit de vie est à appliquer dans la classe de langue :

---

1. J.-C. Chamboredon, *Pertinence et fécondité des histoires de vie ?* in *Le Sens de l'ordinaire.* Paris, Éditions du C.N.R.S. (1983). Sous la direction de P. Fritsch.

2. E. Marc, *op. cit.,* p. 74.

l'analyse des données culturelles fournies par le récit de vie doit se faire en relation avec d'autres techniques de collecte d'information sociologique.

« C'est dans le va-et-vient d'une technique de production et de mise en forme de l'information à l'autre, en les mettant en correspondance et en réciprocité de perspective, que peut se définir un usage rationnel et systématique des différents instruments de collecte et d'organisation des faits sociologiques[1]. »

L'analyse du récit de vie doit donc se faire à la fois en tenant compte de l'unité d'une expérience singulière et en la croisant avec des documents empruntés à un contexte voisin (autre région de France, trajectoire sociale au départ voisine du cas présenté mais qui évolue différemment, documents relatifs au contexte national, etc.) qui en relativisent la portée.

Les techniques de mise en forme écrite du récit de vie sont variées : elles peuvent plus ou moins laisser transparaître la relation entre l'enquêté et l'enquêteur. Lorsque cette relation affleure avec suffisamment de netteté tout au long du récit, elle peut être aussi un objet d'étude passionnant. Elle est en effet une des grandes caractéristiques du récit de vie, une dimension oblitérée dans l'œuvre de fiction tout autant que dans le documentaire. **La qualité de la relation qui se construit entre l'interviewer et l'interviewé garantit la qualité même du témoignage :** c'est ce qui assure que le témoignage est énoncé avec sincérité et confiance et que les paroles de circonstance, vagues, peu impliquantes sont évacuées du récit de l'orateur[2]. Cette relation de contact, guidée par un souci de scientificité, est une leçon de méthodologie dramatiquement absente dans la classe de langue : entrer en contact puis maintenir et faire fructifier la relation avec une personne dont on ne partage pas les références (même si l'enquêteur et l'enquêté appartiennent à la même communauté nationale) est un de ces savoir-faire presque toujours exclus des objectifs scolaires. Le récit de vie peut donner l'occasion d'en souligner la pertinence pour la pratique de la communication interculturelle.

---

1. J.-C. Chamboredon, *op. cit.,* p. 17.
2. Voici comment Oscar Lewis, travaillant avec la communauté portoricaine de San Juan et de New York, caractérise les relations qui ont précédé l'enregistrement des récits de vie :
« Les études intensives de familles impliquaient l'établissement de liens solides sans lesquels nous n'aurions pu obtenir les renseignements intimes présentés dans ce volume. Mes assistants et moi-même avons passé des heures à des réunions familiales, à des veillées funèbres et à des baptêmes, ainsi qu'à répondre à des appels d'urgence. Nous avons conduit des gens à l'hôpital, nous les avons fait libérer de prison, etc. »
O. Lewis, *La Vida.* Paris, Gallimard (1969), collection « Témoins », p. 778.

FICHE

Titre/Auteur	Une soupe aux herbes sauvages d'Émilie Carles	Journal de Mohamed. Un Algérien en France parmi huit cent mille autres, de Mohamed	La mémoire d'Hélène, d'Hélène Elek	Pierrot et Aline, de Jean Ferniot.
Éditeur	Jean-Claude Simoën, 1977 (Le Livre de poche).	Stock, 1973 (Témoignage). 225 p.	Maspéro, 1977 (Actes et mémoires du peuple). 311 p.	Grasset, 1973. 305 p.
Période décrite	1900-1977	1930-1975	1900-1970	1910-1973
Régions ou séjours datés	Briançonnais Paris (1921-1925)	Algérie (1933-1950) France (1950-1975)	Hongrie jusqu'en 1922 Paris	Paris et région parisienne
Milieu social décrit / Profession du narrateur / Profession des parents	Institutrice Petits agriculteurs de montagne	Ouvriers agricoles algériens	Bottier	Fort des Halles et concierge
Conditions de recueil du témoignage	Propos recueillis par Robert Destanque	Entretiens recueillis par Maurice Catani	Récit autobiographique	Entretiens
Mode d'écriture		Transcription du français parlé par un Algérien		Transcription entrecoupée de réflexions de l'auteur
Intention spécifique poursuivie	Le rôle social de l'institutrice en milieu rural.	La relation entre les cultures françaises et algériennes.	Description d'une famille juive émigrée en France. Récit d'un engagement militant.	
Événements familiaux évoqués	La mort de la mère, des frères et sœurs. Les obstacles à la promotion intellectuelle ou sociale. Le mariage et la vie conjugale. La mort du mari.	Le mariage en Algérie. Le service militaire dans l'armée française. La recherche d'un emploi en France. Les séjours dans la famille en Algérie. L'hospitalisation.	La jeunesse en Hongrie. Le mariage (1924) en France. L'installation et l'intégration en France. L'engagement du fils dans la Résistance et sa mort.	Les relations familiales. Les naissances. Les maladies. La vie professionnelle. La vie sous l'Occupation. La mort. L'achat d'une maison.
Événements nationaux évoqués	La guerre de 1914-18. Le Front Populaire. La guerre de 1940-44. La Libération. La guerre d'Algérie.	Les rapports avec le F.L.N. en France et en Algérie pendant la guerre d'Algérie. La grève Renault en 1973.	Les révoltes en Hongrie. La Commune hongroise. Le nazisme en Hongrie. Le Front Populaire et la Résistance en France.	La guerre de 1940. La vie dans les camps de prisonniers. La décentralisation vécue par un travailleur.
Âge du narrateur au moment du récit	77 ans	40 ans	79 ans	Pierrot et Aline : 75 ans. Micheline, la fille et Jacques son mari : 50 ans. Marie-Marlène, la petite-fille : 20 ans.
Expérience de passage d'un milieu à un autre	Les transformations du milieu rural. L'ascension sociale par l'école.	Expérience intense et souvent dramatique de confrontation entre la culture d'origine et celle qui donne travail et promotion professionnelle.	Expérience d'une émigration de la Hongrie vers la France.	L'ascension vers la classe moyenne.
Remarques		Remarques méthodologiques de transcription en annexe		Trois générations d'une même famille. Certains faits sont relatés par différents narrateurs. Dans le dernier chapitre, l'auteur propose ses considérations sur l'évolution des modes de vie dans les 50 dernières années.

Titre/Auteur	Gaston Lucas, serrurier, d'Adelaïde Blasquez.	Un couple ouvrier traditionnel, de Jacques Caroux-Destray.	Mémoires d'un militant ouvrier du Creusot, de Jean-Baptiste Dumay.	Mémé Santerre. Une vie. La vie d'une ouvrière au début du siècle, de Serge Grafteaux.
Éditeur	Plon, 1976 (Terre Humaine)	Anthropos, 1974	Maspéro, 1976	Marabout, 1976 (Grand Document)
Période décrite	1907 - 1971	1910 - 1970	1841 - 1907	1891 - 1974
Régions ou séjours datés	Poitiers jusqu'en 1930 Paris	Paris	Le Creusot (1841-70), Suisse (1870-79), Paris (1905).	Nord de la France jusqu'en 1920 puis la Brie.
Milieu social décrit / Profession du narrateur / Profession des parents	Serrurier-forgeron Cheminot	Ouvrier du livre - Femme de ménage Ancien papetier - Femme de ménage	Mécanicien-tourneur Militant ouvrier-Député Mineur	Tisserands Saisonniers agricoles
Conditions de recueil du témoignage	Entretiens	Entretiens	Mémoires personnels de J.-B. Dumay annotés par l'éditeur	Entretiens recueillis par l'auteur
Mode d'écriture	Transcription complète	Transcription proche de la langue parlée	Réécriture	Réécriture
Intention spécifique poursuivie		Faire l'histoire du syndicalisme ouvrier dans la première moitié du siècle.	Témoigner de la promotion sociale de la classe ouvrière par le syndicalisme.	Témoigner d'une vie familiale heureuse malgré des conditions matérielles pauvres.
Événements familiaux évoqués	Enfance. Apprentissage. Le service militaire. Le mariage. La vie professionnelle et la promotion ouvrière. La vie quotidienne du soldat (1939-40). Le camp de prisonnier (1945). Les retrouvailles. Le départ des enfants. La mort de l'épouse. Le remariage. Le suicide manqué.	L'école, le décès du père et l'Assistance Publique pour Amédée. Le placement pour Marcel. Le travail à 13 ans, le mariage. L'engagement syndical et ses difficultés (la prison, le chômage).	Très peu évoqués. Risques encourus par l'auteur du fait de ses engagements syndicaux.	Le travail des enfants à 12 ans. Le mariage, la guerre 1914-18 et ses deuils. L'installation au service d'une grande exploitation agricole de la Brie, la retraite, la mort du mari.
Événements nationaux évoqués	La crise des années 30. La drôle de guerre. La libération.	L'histoire syndicale de 1920 à 1950. Le Front Populaire. L'exode en 1940. La clandestinité. La libération. La réorganisation syndicale.	Service militaire de 7 ans. La guerre de 1870-71. La Commune vue de la province. Les débuts de la IIIe République.	La guerre de 1914-18.
Âge du narrateur au moment du récit	66 ans	63 ans	de 35 à 65 ans	84 ans
Expérience de passage d'un milieu à un autre	L'évolution d'une profession sous ses aspects techniques. La promotion d'un bon ouvrier dans les petites entreprises de serrureries.			Évolution d'un milieu rural pauvre à un milieu de grande agriculture.
Remarques	Confession recueillie à la suite d'un suicide manqué.	Deux narrateurs: Amédée et Marcelle	Témoignage militant des premières luttes syndicales et socialistes en France.	Une vie banale centrée sur un couple fortement uni.

QUELS DOCUMENTS?

Titre/Auteur	Enfin c'est la vie, de Colette Basile	Louis Lengrand, mineur de fond, de L. Lengrand, Maria Craipeau	La mémoire du village, de Léonce Chabeil	La vie d'une famille ouvrière, de Jacques Destray
Editeur	Denoël - Gonthier, 1976. 42 p.	Seuil, 1974. 189 p.	Stock, 1977. (La vie des hommes.) 362 p.	Seuil, 1971 (Esprit - La condition humaine.)
Période décrite	1960-1970	1920-1970	3 générations de 1870 à 1975	3 générations : Jean (1920 - 1970), Jocelyne, son épouse (née en 1926), Gilles le fils (né en 1946)
Régions ou séjours datés	Ville moyenne française non nommée	Nord de la France (Valenciennes) puis Alpes-Maritimes à Vence (1968-70)	Au sud des Cévennes, la vallée du Gardou	Région parisienne
Milieu social décrit / Profession du narrateur / Profession des parents	milieu rural / Père journalier	Mineur / Mineur	Petite agriculture vinicole / Agriculteurs/artisans, cheminots	Mécanicien modéliste en chaussure, / étudiant, ouvriers, cheminot
Conditions de recueil du témoignage		Entretiens au magnétophone	Souvenirs recueillis auprès d'anciens du village de Brégnon	3 récits autobiographiques recueillis au magnétophone
Mode d'écriture		Transcription d'entretiens		Langue parlée
Intention spécifique poursuivie		Décrire l'emprise de la mine sur la vie quotidienne.		Décrire la condition ouvrière et son évolution.
Evénements familiaux évoqués	Emancipation de la fille étudiante. Visite à Paris.	La première journée de mine. La promotion à la maîtrise. La retraite. La silicose.	Naissance. Enfance. Mariage. Mort. Calendrier des travaux agricoles, des fêtes, des pratiques religieuses.	Le père. Enfance malheureuse, l'école, le travail à 12-13 ans. La promotion sociale par le travail. Le rôle de l'argent. L'alcoolisme. La femme. Les rapports entre générations. La place de l'enfant. La guerre. Le fils. L'éducation religieuse. La vie politique en milieu étudiant (1966-68). La promotion sociale par les études.
Evénements nationaux évoqués	1968	Les grèves de 1936. Le Front populaire. L'Occupation. La Libération.	La guerre de 1914-18. La crise des années 30 en milieu rural. La grève de 1939-45.	L'occupation allemande. Après la Libération. Mai 1968.
Age du narrateur au moment du récit	50 ans	50, 52 ans	70 ans	Jean, 48 ans. Jocelyne, 43 ans. Gilles, 23 ans.
Expérience de passage d'un milieu à un autre	Indirectement par l'évolution de sa fille.	A travers, partiellement, l'apprentissage du commandement, l'apprentissage de la langue nationale par rapport au patois chti-mi.	Evolution après la guerre de 1940-44 du milieu rural.	Pour les parents : promotion sociale par le travail. Pour le fils : promotion par les études supérieures.
Remarques			Importance de la langue occitane. Rencontres entre religions huguenote et catholique.	Trois récits croisés à l'intérieur d'une même famille sur certains événements et valeurs.

3. L'INITIATION À L'APPROCHE D'UNE AUTRE CULTURE

3.1. La relation entre cultures différentes

Voici maintenant un autre type de documents, qui mettent en scène le passage d'une culture à une autre. Comment caractériser ce type de texte ? Conséquence de l'analyse faite dans le chapitre 1[1], le passage d'une culture à l'autre ne se fait pas exclusivement à travers une frontière nationale, mais aussi par la mise en relation de milieux aux références socio-culturelles différentes. Sont donc ici concernés non seulement les documents qui relatent un séjour dans un autre pays mais aussi ceux qui font état de contacts entre milieux sociaux différents.

3.1.1. Guides et précis : les limites de ces documents

Les deux documents ci-après donnent, pour des publics différents, des indications pour expérimenter le passage d'une culture à une autre. L'un s'adresse à des Françaises (ou Européennes francophones) ayant un projet de séjour au Maghreb, l'autre à des non-Français (selon le titre du livre), de sexe masculin, en contact avec des femmes (françaises ?). Apparemment fort différents dans leurs intentions, ces deux textes ont des a priori communs dans leur façon d'expliquer une culture étrangère.

. Dans les deux cas, les explications sont données sous forme de **conseils.** A travers les « faites » et « ne faites pas », c'est une vision normée de la culture étrangère qui est proposée, un règlement qui décrit **une conduite exemplaire.** Les situations présentées ont valeur de modèles dans la mesure où elles apparaissent comme définitives et typées (tous les vendeurs ont des ongles sales et accrochent les clients par le bras ; un homme bien élevé doit toujours s'effacer devant une femme qu'il croise). Figés dans leur régularité, les comportements décrits ont la valeur de **règles.**

Dans ces deux documents, le passage d'une culture à l'autre repose donc sur une **vision mécanique** où toute situation rencontrée en culture étrangère peut être assimilée à l'un des cas proposés dans le livre. La fortune de ce type de publication tient à son **caractère sécurisant.** La plupart des titres utilisés mettent tout à fait l'accent sur ce point : « Guide », « Clés pour... », « ... dans votre poche ». Autant d'ouvrages[2] dont la vertu, quasiment magique, est de dédramatiser l'inconnu en en donnant une

---

1. Chapitre I : 1.4. La frontière culturelle.
2. Il faut penser non seulement aux guides de savoir-vivre, mais à tous les types de guides, y compris le guide touristique.

version simplifiée. Ces documents fonctionnent dans ce cas comme un répertoire consciencieux, recensant les cas de figures possibles [1]. Il accrédite implicitement l'idée que la description d'une culture peut se faire sous forme de règles et que la compétence culturelle consiste simplement à les appliquer.

EXEMPLE

MARCHANDAGE

Mis à part les grands magasins où les prix sont affichés, le marchandage est très fréquent au Maroc, les prix pouvant aller du simple au triple (ne jamais marchander en anglais, on pourrait vous prendre pour un Américain). Discuter le prix dans plusieurs magasins avant d'acheter ! Enfin, évitez de marchander pour le plaisir, si vous n'avez pas le projet d'acheter.

Mesdames, si dans les souks, vous vous faites accrocher, physiquement parlant, par le bras, par un vendeur, ne croyez pas qu'il veut vous enlever et ne prenez pas cet air dégoûté en regardant ses ongles. Décrochez gentiment la main entreprenante et faites un léger signe de négation. Il comprendra.

D'abord, pour marchander, le meilleur moyen est d'avoir une idée du prix de la chose que vous convoitez ; sinon le vendeur verra très vite que vous n'avez aucune idée de sa valeur, en lui disant soit un chiffre trop élevé, soit trop bas. Une bonne tactique : tourner dans le magasin et s'attarder sur quelque chose qui semble vous intéresser (en fait dont vous vous fichez). Vous discutez du prix de cette chose, puis vous arrivez négligemment, presque avec dégoût, à l'objet qui vous intéresse vraiment et vous demandez le prix comme par dérision. Si vous avez bien su brancher le type sur votre premier objet convoité apparemment, et d'un prix plus élevé que l'objet qui vous intéresse, celui-ci vous dira que la chose vue en second lieu, ne vaut rien, une misère, par contre que le premier objet, lui, est ancien et a de la valeur. Le tour est joué. Ancien (un mot qui revient toujours dans la bouche des vendeurs), veut dire vieux de 10 ou 20 ans maximum au Maroc. Toutes les belles pièces sont depuis longtemps dans les musées et surtout chez les coopérants qui eux, depuis des générations, habitent en permanence au Maroc, et ont le temps et les moyens de se les offrir.

Guide du Routard. Afrique du Nord. Paris, Hachette, pp. 24-25.

---

1. Des fleurs aux pourboires, comme par exemple dans le *Guide du protocole et des usages* (J. Gaudouin. Paris, Stock) ; des lettres de déclaration d'amour aux lettres de rupture, comme dans *Trésors de la politesse française* (S. Weil. Paris, Belin).

Les Français ont pendant très longtemps été fiers de la façon qu'ils avaient de manifester leur respect et leur amour de la femme, ce qui fut la fameuse « galanterie française ».

Qu'en reste-t-il aujourd'hui ? Peu de choses, diront certains. Les femmes ne bénéficient plus maintenant de toutes les marques de respect dont elles étaient jadis entourées (celles du moins qui appartenaient à l'aristocratie ; chez les femmes du peuple, la lutte permanente contre la misère donnait à la « galanterie » une tout autre allure).

Mais de tout ce rituel, il subsiste encore mille et un petits gestes qui sont là pour rappeler que la femme est à la fois digne de respect (il faudra donc le lui témoigner en diverses circonstances) et qu'elle doit aussi être protégée, car elle est un être fragile et précieux.

Tout homme bien éduqué devra, même aujourd'hui, se plier à ces usages, sous peine de passer pour un malappris ou un grossier personnage.

Dans la rue — De même qu'il existe un Code de la Route pour régler la conduite des automobiles, il existe un code de conduite avec les femmes, et il convient de le respecter.

Vous croisez une femme que vous connaissez.

Vous saluez (voir p. 7).

Si vous vous trouvez dans un passage étroit, vous devez vous effacer pour la laisser passer.

Vous dépassez une femme que vous connaissez.

Vous saluez (voir p. 7).

De façon générale, vous veillerez à ne pas la bousculer, à ne pas la gêner. Si par hasard vous êtes très pressé et que vous vous trouvez dans un passage étroit ou dans un endroit où il y a beaucoup de monde, vous vous excuserez : « Pardon, madame/ S'il vous plaît, madame… »

Votre chemin croise celui d'une dame.

Vous devez céder le passage.

ATTENTION Vous accompagnez (vous, monsieur) une dame dans la rue. L'usage veut qu'on la laisse marcher le long des vitrines.

S'il se produit un quelconque encombrement, vous passerez devant pour lui ouvrir le passage.

Dans l'escalier Signalons simplement quelques points :

— en montant, c'est à la femme de passer la première, si elle est accompagnée d'un homme.

— en descendant, ce sera à l'homme à descendre le premier,

Si un homme et une femme se croisent dans un escalier étroit, ce sera à l'homme à s'arrêter et à s'effacer pour laisser passer la femme.

Dans l'ascenseur S'il y a beaucoup de monde, celui qui descendra le dernier montera le premier, ainsi il ne dérangera personne.

Si l'homme est seul avec une femme, il la laissera entrer la première et sortira le dernier.

Au restaurant Un homme et une femme peuvent décider d'aller ensemble au restaurant, ou l'homme peut inviter une femme au restaurant.

G. Vigner, *Savoir-vivre en France*.
Paris, Hachette (1978),
« Outils », pp. 36-37.

Certes, dans les deux exemples présentés ici, les auteurs vulgarisent un critère tout à fait pertinent pour analyser les dysfonctionnements possibles dans le passage d'une culture à une autre : les relations homme/femme et, à travers elles, les rôles sociaux attribués aux uns et aux autres. Mais les auteurs — qui jouent ici le rôle d'informateurs et presque d'initiateurs — utilisent des principes (« il faut ») pour décrire des pratiques, **produisent des modèles théoriques fermés** (le marchandage est décrit comme une succession linéaire de choses à faire).

Or, ce qui caractérise la compétence culturelle du natif, c'est sa capacité à interpréter une situation comme un cas inédit et particulier, à aménager les régularités en fonction de l'ici et du maintenant [1]. Dans ce cas, **la compétence culturelle consiste à savoir s'adapter et non pas à exécuter fidèlement un plan concerté.**

3.1.2. L'expérience personnelle mise en récit

Les textes présentés pages 100-101 ne sont que des exemples d'une vaste famille de documents — les textes d'**initiation à une culture étrangère** — à l'intérieur de laquelle le professeur de langue doit faire une sélection s'il veut fournir à ses élèves un savoir opératoire. Il convient de distinguer entre la séduction [2] des textes qui prétendent dire *tout* et *simplement* et la portée réelle des savoirs décrits.

Selon quels critères le professeur de langue peut-il sélectionner les documents pertinents dans la classe ? Dans les deux documents suivants, le passage d'une culture à l'autre se présente sous forme de témoignage. Tout souci de généralisation est exclu dans la mesure où il est clair pour le lecteur qu'il s'agit d'une expérience individuelle et particulière. Le texte de la page 100 livre des indices qui permettent de caractériser socialement l'auteur : parisienne, non maghrébine, capable de repérer des lecteurs de journaux tels que *Le Monde* ou *Le Canard Enchaîné,* et de se dénuder devant des personnes inconnues sans que cela représente une expérience traumatisante, pour le premier texte ; et dans le second extrait, la narratrice se trouve caractérisée par son sexe, son âge approximatif et des indices sur son origine sociale.

---

1. Sur la confusion entre « règles » et « régularités », cf. P. Bourdieu, *Le Sens pratique,* pp. 67-68, qui cite P. Ziff :
« Considérons la différence entre « le train a *régulièrement* deux minutes de retard » et « *il est de règle* que le train ait deux minutes de retard » : [...] dans ce dernier cas, on suggère que le fait que le train soit en retard de deux minutes est conforme à une politique ou à un plan [...]. Les règles renvoient à des plans et à des politiques, et non pas les régularités. »
2. Sur le marché de l'édition, les conséquences financières et commerciales sont loin d'être négligeables.

Au hammam Saint-Paul, ça se passe comme au cinéma : vous prenez votre ticket à la caisse, puis vous grimpez à l'étage. Là, derrière le grand comptoir de bois qui dessert la salle à manger-salon de thé, Françoise vous invite à déposer vos objets précieux (bijoux, portefeuille...) sous sa bonne garde. Après quoi, Simone vous pilote dans le labyrinthe des vestiaires où vous vous effeuillez le plus naturellement du monde : ici, il n'y a que des femmes, du moins deux jours par semaine.

Au porte-manteau, j'ai laissé ma peau de Parisienne : imperméable dégoulinant, jupe droite et « collants Machin » qui m'étranglent la taille. Sandales, blouse et bandeau fournis par la maison me donnent des allures de petites sœurs des pauvres. Quand Simone vient boucler le vestiaire derrière moi, je ne possède plus rien hors mon corps.

Toujours guidée par Simone, qui a jugé mon noviciat du premier coup d'œil, je descends aux enfers bienheureux. Première confusion : les douches. Le hammam est un rite, et nul n'y pénètre s'il n'est pas parfaitement propre. Une demi-douzaine de dames en tenue d'Eve manient déjà savon et gant de crin sous les cataractes du plafond. Personne ne me regarde, on ne s'occupe que de soi-même, pas des autres. Je finis par laisser tomber ma blouse et me mêler aux ablutions communes. Alors on me sourit, comme un gage de reconnaissance.

Après la fraîcheur vivifiante de la douche, la chaleur de la salle. A demi-allongée sur un fauteuil de bois, j'observe discrètement mes voisines : dans les alcôves réservées aux massages, certaines s'étrillent au gant de crin ou se massent à tour de rôle, avec des huiles parfumées. Sur les fauteuils de la rotonde, on lit *Le Monde* ou *Le Canard enchaîné*, avec des commentaires. Une dame d'un certain âge traverse la salle, dignement, répondant aux saluts par un hochement de tête. Dans la religion juive, le hammam est une purification indispensable pour les femmes. Mais aujourd'hui, la plupart semblent être là pour leur confort.

Salle suivante, le bain de vapeur a quelque chose d'envoûtant. Peut-être à cause de la musique diffuse, ou de la vapeur qui s'accroche en halo autour des lampes et des corps. Sur les gradins de pierre, les formes s'estompent, faussant les perspectives. Pour redescendre sur terre, rien ne vaut alors quelques massages « au jet » ou une trempette dans la piscine d'eau froide.

Après l'étuve et la piscine, vient le moment de détente : deux jeunes femmes, le visage recouvert de masques roses et gris papotent sur les bords de la piscine tandis qu'une troisième s'est endormie, emmitouflée dans une couverture sur un lit de repos. Dans cette dernière salle, l'air est moins lourd, presque frais : une oasis après la traversée du désert. A partir de huit heures, Simone passe prendre les commandes pour le repas du soir. Vous vous retrouvez dehors aux environs de onze heures, détendue et la peau douce comme une fesse de bébé.

H. Michelini, *Hammam et à vapeur* in *Paris mon amour*. *Le Guide des fous de Paris !* Paris, Télérama, hors-série (198), p. 16.

Je suis souvent en retard, cinq, dix minutes. Ma mère oublie de me réveiller, le déjeuner n'est pas prêt, j'ai une chaussette trouée qu'il faut raccommoder, un bouton à recoudre sur moi « tu peux pas partir comme ça ! » Mon père file sur son vélo, mais ça y est, la classe est rentrée. Je frappe, je vais au bureau de la maîtresse en faisant un plongeon. « Denise Lesur, sortez ! » Je ressors, sans inquiétude. Retour, replongeon. Elle devient sifflante. « Ressortez, on n'entre pas ainsi ! » Re-sortie, cette fois, je ne fais plus de plongeon. Les filles rient. Je ne sais plus combien de fois elle m'a fait entrer et sortir. Et je passais devant elle, sans rien comprendre. A la fin, elle s'est levée de sa chaise en serrant la bouche. Elle a dit « ce n'est pas un moulin ici ! On s'excuse auprès de la personne la plus importante, quand on est en retard ! Vous l'êtes toujours, d'ailleurs ». La classe pouffe. J'étouffe de colère, tout ce cirque pour ça, pour rien, et, en plus, j'en savais rien ! « Je ne savais pas, Mademoiselle ! — Vous devriez le savoir ! » Et comment ? Personne, jamais, ne me l'a dit, chez moi. On entre quand on en a envie, personne n'est jamais en retard au café. C'est sûrement un moulin, chez moi. Quelque chose me serre le cœur, je n'y comprends rien, l'école, le jeu léger, irréel se complique. Les pupitres durcissent, le poêle sent fort la suie, tout devient présent, bordé d'un trait épais. Elle s'est rassise, elle pointe son doigt sur moi en souriant « ma petite, vous êtes une orgueilleuse, vous ne VOULIEZ pas, non, vous ne VOULIEZ pas me dire bonjour ! » Elle devient folle, je ne peux rien lui dire, elle parle tout à côté, elle invente. Après je lui disais à chaque fois pourquoi j'étais en retard, le bouton, le déjeuner pas fait, une livraison matinale, et je la saluais. Elle soufflait sans rien dire. Un jour, elle éclate « Comment, votre mère fait sa chambre à midi ? Tous les jours ? — Ça dépend, des fois l'après-midi, des fois elle la fait pas, elle a pas le temps. » Je cherche à me rappeler. « Vous moquez-vous du monde ? Vous croyez que ça m'intéresse vos histoires ? » C'est la fille à côté qui me renseigne. Les lits, ça se fait le matin, oh la la, tous les jours. « Tu dois habiter une drôle de maison ! » Les autres filles sont retournées, elles chuchotent entre elles. Les rires, le bonheur, et tout à coup ça tourne comme du vieux lait, je me vois, je me vois et je ne ressemble pas aux autres... Je ne veux pas le croire, pourquoi je ne serais pas comme elles, une pierre dure dans l'estomac, les larmes piquent. Ce n'est plus comme avant. Ça, l'humiliation. A l'école, je l'ai apprise, je l'ai sentie. Il y en a qui sont sûrement passées à côté, que je ne sentais pas, je ne faisais pas attention. J'avais bien vu aussitôt que ça ne ressemblait pas à chez moi, que la maîtresse ne parlait pas comme mes parents, mais je restais naturelle, au début, je mélangeais tout. Ce n'est pas un moulin, mademoiselle Lesur ! Vous ne savez donc pas que... Apprenez que... Vous saurez que... C'est pourtant la maîtresse qui avait tort, je le sentais. Toujours à côté. D'ailleurs quand elle disait « votre papa, votre maman vous permettent-ils d'entrer sans frapper ? » en détachant les mots, j'avais l'impression qu'elle parlait de gens tout à fait inconnus, un décalque qui flottait derrière moi, à qui elle parlait. Ils auraient dû ressembler au décalque, mes parents, ç'aurait été facile. Tout le problème, c'est qu'ils en étaient loin... Elle était forcément toujours à côté, la maîtresse.

A. Ernaux, *Les Armoires vides*.
Paris, Gallimard (1985), « Folio » n° 1 600, pp. 58 à 60.

Conjointement, les deux expériences décrites excluent le principe (par exemple, « au hammam, il faut ») mais décrivent plutôt **les tâtonnements et les déboires propres à la découverte** (« je finis par laisser tomber ma blouse », « j'observe discrètement mes voisines », « la plupart semblent être là pour... »). Le trajet initiatique dans un espace culturel inconnu (le hammam ou la petite bourgeoisie d'une ville de province) prend donc plutôt l'aspect :
— d'une recherche explicite des régularités qui font la familiarité avec un milieu particulier (comment s'exprime la conformité dans ce hammam parisien, dans une école primaire fréquentée par l'élite d'une ville provinciale française ?) ;
— d'un recours individuel à des **informateurs** sur place (Simone au hammam, les copines de la classe) ;
— d'une **implication personnelle** qui amène parfois à payer de sa personne, à dominer ses préjugés et ses tabous, et à se trouver même en situation conflictuelle avec les références de sa culture d'origine.

Le passage d'une culture à l'autre se trouve donc explicitement posé comme une confrontation avec une situation nouvelle à laquelle l'étranger doit apprendre à s'adapter. La nouvelle venue au hammam aurait pu dévorer un manuel de savoir-vivre, y aurait-elle trouvé les stratégies qui lui permettent de se mesurer personnellement à la nouveauté ? Lorsque le passage d'une culture à une autre se fait à travers le récit d'une expérience individuelle, cette aventure, qu'elle ait été difficile, traumatisante ou au contraire épanouissante, se donne explicitement pour ce qu'elle est : la découverte par étapes progressives d'un contexte inconnu. On pourra remarquer combien cette dimension est absente des deux premiers textes présentés qui véhiculent ainsi une représentation lénifiante du rapport entre deux cultures, placé sous le signe du « il faut » et du « il suffit ».

La perméabilité entre cultures différentes est toute relative, nous l'avons dit [1]. Les documents qui fonctionnent sur l'illusion d'une transparence des faits culturels entretiennent la confusion dans l'esprit des élèves dans la mesure où ils ne donnent que des règles, assorties éventuellement d'exceptions où ils sont presque toujours le produit d'un regard extérieur, où ils invoquent un certain degré de généralité. Ce type de document masque la difficulté inhérente au passage d'une culture à l'autre pour un étranger : **établir une relation personnelle avec une réalité particulière.** En soumettant aux élèves des documents où cette dernière dimension est explicite, on peut apprendre en classe à diversifier les cas de figure, à typer les stratégies possibles, à recenser les conditions qui favorisent un contact positif avec une culture étrangère, bref à assumer dans la lucidité les risques et les enjeux du rapport entre deux cultures différentes.

3.2. La rupture

Les documents portant sur le passage d'une culture à l'autre pourraient constituer un sous-ensemble à l'intérieur du troisième type de documents présentés maintenant. Même s'il s'agit d'une expérience réussie, le contact avec une culture étrangère peut constituer en soi une rupture d'équilibre.

3.2.1. Une notion et ses interprétations en français langue étrangère

La notion de rupture est sociologiquement riche dans la mesure où elle permet une connaissance du quotidien non plus par ses régularités et ses rituels mais à travers ses fractures, à l'instar du géologue qui analyse, en établissant un plan de faille, les différentes couches de l'écorce terrestre. Par la rupture

---

1. Chapitre 1 : 3.1. L'incommunicabilité relative entre membres de cultures différentes.

peuvent émerger les phénomènes à l'état latent, les implicites autour desquels se fait la connivence d'un groupe. Le quotidien se trouve ainsi saisi dans sa dynamique — celle **du passage du secret au révélé, du potentiel au réel** —. «Le quotidien, selon Georges Balandier, n'est pas seulement l'espace d'accomplissement des activités répétitives, il est aussi un lieu d'innovation [1]. »

Des méthodologues du français langue étrangère ont déjà souligné les vertus pédagogiques de la rupture sans toutefois mettre l'accent sur les mêmes points. En utilisant le terme de crise, G. Michaud et E. Marc valorisent une réflexion sur les grands dispositifs mis en place dans les sociétés occidentales [2]. Les expressions «crise monétaire», «crise de l'emploi», «crise de l'énergie» ont généré l'emploi de la formule «crise de civilisation», plus large, plus floue également. A travers le terme de crise, G. Michaud et E. Marc soulignent qu'une culture peut être décrite à travers les dysfonctionnements de ses structures économiques, sociales, politiques.

Lorsque A. Reboullet propose de mettre à l'étude la notion de « drame social », la rupture est valorisée à un autre titre : il s'agit d'une situation conflictuelle née d'une opposition entre «une logique dont les individus ne prennent pas une conscience intellectuelle » et du principe d'invention («créativité de l'effort humain, pouvoir de modifier les données établies par la tradition») [3]. La première définition que donne le sociologue Jean Duvignaud du drame social utilise l'opposition particulier/ général :

«Le drame (terme que nous souhaitons dépouiller de toute interprétation "tragique") désigne à la fois, pensons-nous, la réalité observable et la connaissance que la réalité sociale, engagée dans une action déterminée, prend de sa position particulière dans un cadre ou un environnement défini avec plus ou moins de rigueur [4]. »

1. G. Balandier, *Essai d'identification du quodtien* in *Cahiers Internationaux de Sociologie*. Paris, P.U.F. (1983), volume LXXIV : *Sociologie des quotidiennetés*, p. 11.

2. G. Michaud, E. Marc, *Vers une science des civilisations ?* Bruxelles, Éditions Complexes (1981).

3. J. Duvignaud, *Chebhka*. Paris, Gallimard (1968). Introduction et *Le Langage perdu.* Paris, P.U.F. (1973), p. 36, cité par A. Le Bihan, *Notion de drame et approche du texte en civilisation* in *Le Français dans le Monde*. Paris, Hachette/ Larousse (avril 1979), n° 144, p. 30.

4. J. Duvignaud, *Introduction à la sociologie*. Paris, Gallimard (1966), collection « Idées », cité par A. Reboullet, *Le Drame social. Une nouvelle notion en civilisation ?* in *Le Français dans le Monde*. Paris, Hachette/Larousse (octobre 1977), n° 132, p. 22.

Les exemples donnés par le sociologue (une demande en mariage, un flirt, une rupture, une grève, une cérémonie religieuse, une séance de tribunal, une élection) montrent que la notion ne recouvre pas l'événement exceptionnel, inédit, et que son sens est dépouillé de tragique et de brutalité. S'appuyant sur cette acception, des propositions pédagogiques ont été élaborées [1].

EXEMPLE

L'ORNIÈRE
(transcription)

1re séquence
Georgette donne à manger aux poules
Georgette : Petit, petit, petit...
Georgette (voix *off*) : L'histoire que je vais vous raconter est vraie... Y a des signes qui ne trompent pas. Ce matin-là, les poules me fuyaient.

2e séquence
Dans la cuisine petit déjeuner. Émile a laissé déborder le lait. Il se rase.
Georgette : Je t'avais dit de le surveiller ! Ça se connaît que c'est pas toi qui nettoies la cuisinière ! Oh là là...
(Musique)

3e séquence
Émile fait sortir les vaches.
Georgette (voix *off*) : Oui, ça commençait mal. Mais pas plus mal que les autres jours. Depuis deux mois, tout allait de travers. On était déjà au mois de septembre et notre préavis était terminé. Il fallait déménager avant la fin de ce mois. Déménager c'est bien un mot de la ville. Déménager un appartement ça doit être du travail, mais quand même ! Ici il y a la ferme, les granges, les animaux, les arbres... ça ne se déménage pas !

---

1. Citons, parmi celles qui ont été publiées :
— G. Quenelle, *Le Mariage* in *Le Français dans le Monde*. Paris, Hachette/Larousse (octobre 1977), n° 132, pp. 24 à 34.
— R. Pucheu, P. Avril, M. Blondel, *Le « Tournoi » des deux nations (ou une élection législative en France)* in *Le Français dans le Monde*. Paris, Hachette/Larousse (janvier 1978), n° 134, pp. 25 à 46.
— A. Le Bihan, *Une rupture. Pour une utilisation de la notion de drame dans l'enseignement de la civilisation à partir de textes authentiques* in *Le Français dans le Monde*. Paris, Hachette/Larousse (avril 1980), n° 152, pp. 56 à 68.
— B. Lohézic, J.-M. Pérusat, *Un drame social : la mort* in *Le Français dans le Monde*. Paris, Hachette/Larousse (avril 1982), n° 168, pp. 26 à 31.
— C. Girod, S. Lieutaud, *La Mise à la retraite* in *Le Français dans le Monde*. Paris, Hachette/Larousse (juillet 1978), n° 138, pp. 21 à 28. Publié au B.E.L.C. sous le titre : *Être vieux en France*.

4e séquence

Émile se prépare pour aller voir le maire.

Georgette (voix *off*) : Il y avait peut-être une solution. Le maire qui est bien placé avait une dette envers Émile. Oh, pas de l'argent bien sûr. Une vieille dette, disait Émile, une histoire qui date de la fin de la guerre. Ce matin-là, Émile allait lui demander d'intervenir pour lui.

5e séquence

Chez le maire.

Le maire : Tu sais que pour toi je n'hésiterais pas. Mais là, j'ai tout essayé, il n'y a rien à faire.

Émile : Ah bon.

6e séquence

Émile rentre à la ferme en 2 CV.

Georgette (voix *off*) : Ce refus, j'en avais le pressentiment. Mais pour Émile, c'était un coup dur. Toute sa vie il avait vécu avec cette dette comme assurance : « Si jamais il nous arrive quelque chose je peux compter sur lui. Ça il me le doit. » Mais jamais il ne lui demandait quoi que ce soit. Il se réservait toujours pour plus tard.

Émile s'embourbe dans le petit chemin qui mène à la ferme.

Émile : Oh, putain de Dieu, bordel de bordel ! Tour de con !

7e séquence

Georgette, dans la cour de la ferme, fait chauffer de l'eau pour plumer les poulets.

Georgette (voix *off*) : Ce n'était pas une ferme modèle, mais on y tenait. Émile y était né. Au début je m'y étais ennuyée, mais petit à petit je m'y étais faite.

Georgette : C'est maintenant que tu arrives ?

Émile : Je me suis foutu dans le trou.

Georgette : Quel âne ! T'avais besoin de passer par là ? Mais toi, t'es plus fort que les autres. maintenant on va déconner pendant une heure !

Georgette (voix *off*) : C'était Émile tout craché. Je l'aurais bouffé. Cette semaine c'était la deuxième fois qu'il se mettait dans ce trou.

8e séquence

Départ en tracteur. Émile n'attend pas que Georgette soit montée pour démarrer.

Georgette : T'as le feu à présent ?

Émile accroche la 2 CV au tracteur.

Émile : Recule, recule, recule... Oh... et ne fais pas comme la dernière fois... allez !

Georgette prend la 2 CV en remorque et ne s'arrête plus jusqu'à ce qu'ils arrivent dans la cour de la ferme.

Émile : Arrête, arrête !

Georgette : Oh nom de Dieu, j'en ferai rien.

Émile : Arrête ! Bordel de Dieu, arrête. Arrête, nom de Dieu, arrête !

Georgette (voix *off*) : Plus il criait, moins j'avais envie de m'arrêter. Je ne sais pas ce qui s'était passé dans ma tête. Mais je ne pouvais pas m'empêcher de le faire. Trop de fatigue, trop de soucis, il faut bien que ça sorte d'une manière ou d'une autre.

(Musique)

Émile : Ça va pas, quoi ? T'es zinzin !

Georgette : Comme ça au moins t'as pas à recommencer tes conneries.

9e séquence

Émile dans ses actions quotidiennes : il fait la sieste dans la grange, boit un verre de vin, passe devant la mare aux canards.

Georgette (voix *off*): Émile n'était plus le même. C'est pas croyable ce que la vie peut vous changer un homme. Il n'avait plus de goût pour rien. Son travail l'ennuyait, ses meilleurs copains étaient déjà morts. A vingt ans, celui qui m'aurait dit que je vivrais comme aujourd'hui, je ne l'aurais pas cru.

Émile prend Georgette par le cou.

Georgette (voix *off*): Je ne peux pas dire que j'étais malheureuse, mais j'avais imaginé autre chose. Non, ce qui me manque le plus c'est les enfants. Tous partis à la ville.

Émile et Georgette se croisent dans la cour. Il pousse une brouette, elle porte deux seaux.

Georgette (voix *off*): Aujourd'hui encore on se croise. Mais pour combien de temps? Même la chienne semble malheureuse... Le mercredi il faut tuer les poulets pour Madame Rocard.

Émile essaie d'attraper un poulet.

Georgette (voix *off*): Et c'est toujours la même comédie pour les attraper. Émile n'a plus vingt ans et on dirait que les poules le savent.

Émile aide Georgette à tuer et plumer les poules.

Georgette (voix *off*): Il faut dire que des déceptions nous en avions eues! Émile surtout. Jeune il avait voulu quitter la ferme pour faire du commerce. En fait je crois qu'il n'a jamais vraiment osé. Mais son malheur c'était cette putain de politique. En trente-six il portait le drapeau rouge. Et après la guerre il avait cru que le monde allait changer... «Je crois en l'homme», disait Émile, «Je suis socialiste, mais pas communiste.» Et tout son temps il le passait chez l'un et chez l'autre à essayer de les convaincre.

10ᵉ séquence

Joseph, en vélomoteur, arrive dans la cour de la ferme, il parle à Émile.

Georgette (voix *off*): Joseph, c'est le frère d'Émile. Notre premier voisin. Son fils travaille avec lui, sa ferme marche pas trop mal. Lui, il est communiste, il s'occupe du syndicat.

Joseph mime l'homme au couteau entre les dents, symbole des communistes.

Georgette (voix *off*): Ce n'est pas un communiste à la mode d'autrefois. Mais Émile s'en méfie. «Ce sont toujours les mêmes, ils n'ont pas changé», disait-il. Moi, je l'aime bien.

Joseph (à Émile): Bon, alors tu fais comme tu veux, hein?

Joseph va dire boujour à Georgette.

Joseph (à Georgette): Boujour, Georgette, ça va?

Georgette: Ça va, et toi?

Joseph: Ça va, comme les vieux. T'as un beau poulet là!

Georgette: T'en veux un?

Joseph: Ah non, merci, en ce moment il y en a à la maison. Alors, c'est demain qu'il vient le maire?

Georgette: Oui, on l'attend.

Joseph: Tu sais, Georgette, je viens de lui dire, il suffirait qu'il s'inscrive au syndicat et on pourrait essayer de faire quelque chose.

Georgette: Tu le connais. C'est pas à son âge qu'il va changer d'idées.

Joseph: Je sais comment qu'il est! Même qu'il soit pas d'accord avec nous, il est de notre côté. Si j'étais seul, tu comprends? Mais pour les autres c'est pas pareil. Et tant qu'il ne sera pas avec nous ils ne bougeront pas. Et sans eux, tu comprends, je ne peux rien faire.

Georgette: Il est têtu comme une mule. Et puis il est trop fier pour changer d'idées.

Joseph: Il t'a dit ce qu'il veut faire?

Georgette: Non, je ne sais pas. Ces temps-ci il n'est pas très bavard, tu sais.

L'APPROCHE D'UNE AUTRE CULTURE

11e séquence

Émile marche au bord de la mare aux canards.

Georgette (voix *off*) : Mais je comprenais Émile. S'il acceptait l'offre de Joseph, sa vie n'avait plus de sens.

Émile rentre les vaches.

Émile : Allez, allez, allez...

Georgette (voix *off*) : J'étais comme soulagée de le voir rentrer les vaches. La journée était presque terminée.

Émile : Avance, avance, avance, allez...

12e séquence

Le maire arrive en voiture.

Georgette (voix *off*) : A neuf heures, le lendemain, le maire est arrivé avec le nouveau propriétaire.

Le maire : Bonjour, Georgette.

Georgette : Excusez-moi, Monsieur le Maire, mais j'ai les mains sales.

Le maire : Votre mari est dans le secteur ?

Georgette : Il doit pas être bien loin. Émile ! Émile ! Il est têtu, mais il n'est pas encore sourd. Émile !... Elle ouvre la porte de l'étable et voit Émile pendu. Oh... Émile ! Émile !

(Musique).

13e séquence

Le maire : Oh merde ! Émile s'est pendu.

Georgette : Émile - oh !

Le maire : Ne restez pas là, Georgette !

Le maire et le nouveau propriétaire sont dans l'étable.

Le maire : J'en avais le pressentiment, le con !

Georgette (voix *off*) : Le maire n'avait rien fait pour empêcher cette vente. Au contraire.

Joseph : Oh mon Dieu ! Eh bien Messieurs, vous êtes contents ! Vous avez réussi ! Bande de salauds !

Le propriétaire : Bon, foutons le camp !

Le maire et le propriétaire s'en vont.

14e séquence

On comprend qu'Émile a fait semblant de se pendre.

Joseph : Il ne méritait pas ça, Émile !

Émile : Détache-moi, nom de Dieu, au lieu de faire le con. Détache-moi, nom de Dieu !

Georgette : Émile ! Mais qu'est-ce que t'as fait ? Mais pourquoi t'as fait ça ?

Émile sort de l'étable et s'en va dans la 2 CV.

Georgette et *Joseph* : Fais pas le con Émile, reste ici. Émile ! Reste ! Émile, viens ! Arrête, Émile, arrête ! Mais arrête, voyons !

Émile s'embourbe à nouveau dans le chemin forestier.

Émile : Ah nom de Dieu de nom de Dieu. Bordel de Dieu ! Un de plus, té ! Quelle connerie ! Ah bordel !

(Musique).

Georgette (voix *off*) : Cette histoire, ça fait déjà deux ans et on n'a pas déménagé. Mais j'en veux toujours un peu à Émile de m'avoir fait aussi peur.

L'Ornière. Production : Les Films du Centaure, 1978.
Réalisateur : F. Dupeyron.
Transcription des dialogues : P. Rocquigny.
Diffusion : Institut für Film und Bild Wissenschaft. R.F.A.

3.2.2. La rupture, mode d'emploi

Mais, si l'application d'une notion empruntée au domaine sociologique sous-entend des aménagements dans le champ de la didactique du français langue étrangère, il importe de veiller, comme le fait remarquer A. Le Bihan [1], à ce que cette notion ne soit pas vidée de sa substance dans le transfert. Pour que la notion de rupture garde sa pertinence, il importe que les documents soient parfaitement contextualisés dans le temps, dans l'espace, que les acteurs du drame ne soient pas institués arbitrairement par l'enseignant en représentants de groupes mal définis. Ces dérapages méthodologiques gomment les particularités indivi- duelles, les différences locales. Les documents se donnent alors pour généraux quand ils ne livrent que des points de vue particuliers. La démarche de réflexion qui devrait être prise en charge par les élèves — en quoi ce point de vue particulier est-il généralisable ? — est escamotée par l'enseignant qui livre ainsi ses élèves pieds et poings liés aux effets de sens dénoncés dans le premier chapitre [2].

Il importe également que le passage de l'implicite à l'explicite soit donné aux élèves afin qu'ils puissent analyser à quelles conditions cela a été possible. Dans le scénario *L'Ornière,* la situation de rupture — un couple de métayers ne se voit pas renouveler le bail de sa ferme — rend visible la relation implicite qui lie le fermier Émile et le maire de la commune. Si la nature de cette relation n'est pas clairement explicitée par la narratrice, la femme d'Émile (« Le maire qui est bien placé avait une dette envers Émile. Oh, pas de l'argent bien sûr. Une vieille dette, disait Émile, une histoire qui date de la fin de la guerre. »), il est clair que cette relation entre les deux hommes est particulière- ment forte, même si, distendue dans le temps, elle a pu rester invisible pour une partie de l'entourage. **Le drame social fait ici apparaître tout le travail social présent dans l'échange de services entre deux personnes et le savoir-faire qui y préside.** Un service rendu est un investissement symbolique à court, moyen, ou long terme. Il amène en retour, si l'interlocuteur respecte l'échange de dons, une réponse d'une valeur symbolique égale ou supérieure. Dans ce premier cas, l'échange peut être clos, dans le second les chances sont plus grandes pour qu'il soit poursuivi, le premier pourvoyeur de service redevenant à son tour débiteur. Le délai qui s'écoule entre le premier et le deuxième temps de l'échange réciproque est lui aussi chargé de sens : plus le délai est long, plus le risque d'une rupture de l'accord implicite est grand, mais aussi plus le profit symbolique est élevé si l'accord est maintenu. C'est sans doute sur cette variante que compte ici Émile.

---

1. A. Le Bihan, *op. cit.* (avril 1979).
2. Chapitre 1 : 2.7. Faire des classements.

Dans ce récit, le maire reste solidaire de sa dette (« Tu sais que pour toi je n'hésiterais pas. »), mais il n'est pas en mesure de la combler (« il n'y a rien à faire »). Le suicide simulé montre que les enjeux de ce « drame social » sont à la frontière de la vie et de la mort.

La rupture rend également visible deux autres réseaux auxquels Émile est intégré : la famille (Georgette, l'épouse, Joseph, le frère d'Émile), la communauté politique (le syndicat, les sympathisants communistes). Différents groupes socio-culturels auxquels Émile appartient se trouvent ainsi révélés sans que s'interpose l'arbitraire du regard d'un observateur omniscient. Les conditions d'une perception *in vivo* de la réalité sociale se trouvent, sur ce point, réalisées puisque l'élève se trouve de lui-même convié au décodage des indices sociaux.

4. CRITÈRES DE SÉLECTION

Dans l'ensemble de la réflexion présentée dans ce chapitre, trois critères restent constants pour choisir les documents qui décrivent une culture et pour évaluer leur pertinence.

4.1. La contextualisation du document

Le travail sur dossiers thématiques [1] contribue à accréditer l'idée qu'un document vaut par le sujet qui y est abordé plutôt que par la façon dont il est traité. Ce n'est pas le vieux débat du fond et de la forme qui est soulevé ici mais plutôt le problème de la place accordée à l'élève dans la classe de langue lorsque la démarche qui lui est proposée se limite à une vérification de la compréhension des éléments linguistiques contenus dans le document.

Plus un document est contextualisé, plus la réflexion personnelle de l'élève est sollicitée. Si l'on admet, comme il était proposé dans le chapitre 1, que l'ordre des mots ne reproduit jamais l'ordre des choses, **il importe que le document porte avec lui les clefs qui permettent à l'élève de se désolidariser de la vision du monde qui y est explicitement proposée et que les enjeux propres à cette mise en scène de la réalité puissent être analysés.** En particulier, il importe d'apprendre à l'élève à démonter l'absolu de tout propos en le rapportant à la position sociale et aux enjeux de celui qui l'énonce. Si le document ne contient pas les éléments qui permettent de le situer comme un point de vue particulier, il sera perçu par l'élève dans une dimension absolue, non pas du fait de sa portée intrinsèque mais par simple erreur méthodologique.

---

1. Pour plus de détails sur ce point, cf. chapitre 4 : Quelles démarches ?

Il est facile de feuilleter un manuel de français langue étrangère et de compter combien de documents comportent de références insuffisantes : sources imprécises, documents non datés, diagrammes ou cartes sans légende, sondages qui n'indiquent pas la méthode selon laquelle ils ont été élaborés. La rigueur dans ce domaine n'a pas toujours été une préoccupation jusqu'alors dominante en français langue étrangère [1]. De façon plus large, le travail en classe a beaucoup à gagner en retenant dans un document ce qui permet de faire des hypothèses sur le sexe, la génération, la classe sociale, les origines géographiques, la sensibilité politique, le parcours scolaire, etc. de celui ou de ceux par qui ou pour lequel il est produit.

C'est à ces conditions que l'on peut s'assurer que l'interprétation des faits culturels se fait, non en imposant de l'extérieur un sens arbitraire, mais en intégrant, dans la construction de la signification, la représentation qu'en ont les différents membres.

4.2. Une démarche de relativisation

Alors que la démarche spontanée porte l'élève à croire que l'autre est toujours beaucoup moins complexe que lui-même [2], il importe de faire comprendre dans la classe de langue qu'il s'agit là surtout des effets de la méconnaissance, et que la réalité étrangère est un ensemble sophistiqué et subtil de valeurs, de comportements et de normes.

La démarche doit donc s'établir à partir de cette double interrogation essentielle : en quoi cette affirmation générale peut-elle être relativisée ?, et à quelles conditions ce point de vue particulier a-t-il une portée générale ? C'est donc à un va-et-vient constant entre l'individuel et le collectif, entre l'institutionnalisé et le non-codifié, entre le silence et la parole que doit être entraîné l'élève pour éviter le décodage naïf de la réalité étrangère. Le simple constat, la familiarité, l'évidence, sont autant de pièges d'une sociologie spontanée qu'il faut apprendre à éviter à l'élève.

4.3. Les pièges de l'idéologie

Pour acquérir la distance critique nécessaire à la sélection des documents utilisés en classe, l'enseignant doit être tout à fait attentif aux effets particuliers véhiculés par telle ou telle famille de documents. Il importe d'avoir toujours conscience que le

---

1. Un exemple de rigueur, le travail proposé par F. Mariet, *Pour une pédagogie de la sémiologie graphique* in *Le Français dans le Monde*. Paris, Hachette/Larousse (mai-juin 1978), n° 137, pp. 32 à 37.
2. Cf. chapitre 1 : 3.3. La prise de conscience de l'identité.

document publicitaire a pour premier message la consommation d'un produit ou d'un service, que le récit de vie transporte une vision enchantée du passé, que les documents présentant les ruptures d'une société valorisent l'image d'un monde en mutation, etc. **Dans sa façon de pointer la réalité d'une culture, tout type de document, tel un projecteur puissant, découpe des zones de lumière, mais aussi des zones d'ombre.** C'est pour souligner ce phénomène que nous avons privilégié l'étude de trois types de documents, relativement peu sollicités en classe de langue, et non pour en prôner l'usage exclusif.

Reste à souligner dans ces processus de mise en forme de la réalité étrangère que le filtre le plus puissant reste peut-être celui du professeur, parce que l'impact de ses représentations personnelles dans la classe est trop souvent ignoré.

4. Quelles démarches ?

C'est probablement au niveau des démarches à promouvoir que les lacunes d'une théorisation des problèmes culturels dans la classe de langue sont les plus criantes. On verra dans ce chapitre que, en l'absence d'une réflexion organisée dans ce domaine, la constitution d'une compétence culturelle s'est trouvée la plupart du temps confondue avec une amélioration des performances linguistiques et avec l'acquisition de savoirs scolaires. Ce chapitre souhaite contribuer à **une redéfinition des objectifs dans la classe de langue : l'apprentissage n'est plus exclusivement lié à une pratique instrumentale de la langue (savoir parler couramment une langue étrangère) mais s'inscrit dans un contexte éducatif plus large (apprendre à communiquer avec ceux qui appartiennent à d'autres cultures, reconnaître les principes fondateurs de l'identité).** L'accent est donc mis ici sur la **dimension formative** de l'approche d'une culture étrangère.

1. ÉLÉMENTS POUR UNE SYSTÉMATISATION

1.1. L'approche thématique des faits de civilisation

On peut dater, en didactique du français langue étrangère, l'apparition du dossier de civilisation dans le courant des années 1970. Bien que la notion de **dossier** n'ait pratiquement pas été définie [1], on peut relever, en examinant ses nombreuses réalisations pratiques, les constantes suivantes :
— le dossier de civilisation est associé à un apprentissage d'un niveau avancé ;
— il se présente comme une collection de documents authentiques ;
— il s'organise autour d'un axe thématique ;
— il a pour objectif de tenir les élèves au fait d'une question.

Renonçant à une présentation panoramique et généralisante des faits culturels, l'approche thématique repose sur une **présentation sélective des faits sociaux :** on présente en classe quelques thèmes circonscrits (la femme, la chanson française, etc.) tout en gardant une perspective de synthèse (apprendre l'essentiel sur ce sujet).

Le succès remporté par cette formule de travail mérite d'être souligné. Quelques organismes [2] contribuent à en diffuser les principes soit en proposant des dossiers thématiques, soit en

---

1. J.-M. Gautherot le définit ainsi : « Le dossier (on sait en gros ce qu'il est) peut être de nature assez diverse ; disons que c'est un ensemble thématique organisé qui comporte le plus souvent des témoignages, des opinions, des données factuelles chiffrées, quantifiées et des synthèses. », in *Première Biennale de l'Alliance Française. Civilisation et communication.* Buenos Aires (13-17 juin 1983), p. 89.
2. Faute de présenter l'ensemble des initiatives allant dans ce sens de par le monde, citons, en France : le Bureau pour l'Enseignement de la Langue et de la Civilisation (B.E.L.C.), le Centre de Linguistique Appliquée de Besançon (C.L.A.B.), le Centre Audiovisuel de Langues Modernes de Vichy (C.A.V.I.L.A.M.).

offrant la possibilité aux enseignants en formation de les fabriquer eux-mêmes. A la différence de la méthode — qui met davantage l'enseignant en position de fidèle exécutant — le dossier thématique est aussi perçu comme un outil didactique dont l'enseignant (ou le groupe d'enseignants) peut prendre en charge la réalisation pratique. Des structures documentaires existent pour faciliter la recherche et la collecte de documents sur un aspect précis[1]. C'est sans doute le premier mérite de cette formule que de déplacer la fonction de l'enseignant : **de simple consommateur d'ouvrages édités, il peut s'approprier la fabrication de son matériel didactique.**

De ce fait, le dossier thématique n'a pas fait l'objet de recherches théoriques et c'est surtout à travers l'addition des résultats proposés qu'on peut dégager les principes dominants qui en ont guidé la construction. En général, le dossier se déroule en trois phases : — une étape de sensibilisation où l'élève prend concrètement la mesure du thème.

« Cette phase a aussi pour but de mettre en place les éléments de la langue indispensables à l'étude et à la discussion du contenu du dossier[2] » ; — une étape d'information pour « avoir une vue plus générale du problème, comparer, réfléchir, confronter », pour « associer un travail de perfectionnement et d'enrichissement linguistiques à l'étude de faits de civilisation[2] » ; — enfin une étape de synthèse qui sollicite le réemploi des informations glanées et l'appropriation de ces informations par les élèves sous forme de débats, de jeux de rôles par exemple. Des variantes peuvent compléter ce schéma général : documents annexes, lexique propre au thème abordé.

Reposant sur le principe d'un éventail de documents, le dossier rassemble pour un sujet précis, dans les réalisations les plus réussies, une composition de témoignages individuels et de panoramas généraux. La dimension nationale donne à l'élève le moyen de relativiser ce qu'il y a de particulier, d'accidentel, d'anecdotique dans le propos individuel qui, lui-même, permet d'articuler dans le vécu quotidien ce qu'une analyse générale peut avoir d'abstrait. Dans l'exploitation de ce matériel, on peut dégager deux générations de dossiers : d'une part ceux centrés sur une amélioration de la compétence linguistique de l'élève. Les exercices fabriqués autour des documents sont des exercices de vérification de compréhension (questions sur le texte, phrases à compléter, etc.) ou des exercices grammaticaux sur les structures nouvelles découvertes dans les documents.

---

1. Pour une sélection d'articles de presse pour des cours de langue ou de civilisation avec les media, cf. Service d'Orientation et de Documentation pour l'Enseignement de la Civilisation (S.O.D.E.C.), C.I.E.P. : 1, avenue Léon-Journault, 92310 Sèvres.

Pour accéder à une banque de données sur les grands problèmes économiques, politiques et sociaux, cf. Banque d'Information Politique et d'Actualité (B.I.P.A.) : 8, avenue de l'Opéra, 75001 Paris.

2. G. Vigner, *L'enseignement de la civilisation. Une nouvelle définition du contenu culturel* in *Le Français dans le Monde*. Paris, Hachette/Larousse (juillet-août 1974), n° 106, pp. 25 à 37.

Dans ce cas les documents sont prioritairement utilisés comme prétexte à un apprentissage linguistique[1]. L'axe thématique, point autour duquel s'organise la réflexion, devient parfois simple prétexte au regroupement arbitraire de matériaux disparates. Le fil conducteur du thème justifie sommairement l'association de documents conçus et produits à des fins fort différentes : l'impact d'un tract ou d'une chanson est fort différent quand l'un circule à l'échelle d'un quartier et l'autre sur l'ensemble du territoire national. Une interview recueillie à brûle-pourpoint dans la rue et un texte publié par son auteur véhiculent des opinions qui n'ont pas été contrôlées de la même façon par celui qui les a énoncées. **Dans ce type de dossier, la pertinence sociologique du document n'entre pas systématiquement en ligne de compte comme critère de constitution du dossier.**

Souvent élaboré selon le hasard de la documentation disponible, le dossier thématique est trop souvent constitué d'unités disjointes artificiellement rassemblées et ne donne que l'illusion d'un savoir essentiel. Dans cette conception du dossier la démarche relève du morceau choisi et masque une opération sociologique, pourtant essentielle, qui donne pleins pouvoirs à l'enseignant ou à l'auteur du manuel en affirmant que cet extrait-là est ce qui mérite d'être compris et retenu. Tout questionnement sur la représentativité des documents proposés est ainsi subtilisé.

Dans cette première génération de dossiers, les consignes de travail sur documents se limitent, la plupart du temps, aux objectifs suivants :
— guider ou vérifier la compréhension du document,
— encourager l'utilisation des acquisitions linguistiques récentes,
— stimuler l'expression personnelle,
— inviter à comparer les questions évoquées par la thématique et celles qui se posent dans le contexte de l'élève.

Lorsqu'il y a un débat ou un jeu de rôles organisés dans la phase terminale du dossier, l'activité se justifie d'abord comme une activité de réemploi linguistique où se développe et s'évalue l'habileté des élèves. Si l'accent est mis sur l'aspect ludique, l'exercice de la parole est un spectacle que les élèves offrent à eux-mêmes et à leur enseignant, un moment (ré)créatif où tout est possible, où les contraintes culturelles sont mises entre parenthèses, où les personnages en scène sont des types, voire des stéréotypes, dépouillés de leur contingence accidentelle.

Une seconde génération de dossiers de civilisation modifie sensiblement la perspective pédagogique en mettant l'élève en **situation active de découverte des documents**[2]. L'acte pédago-

---

1. Par exemple, F. Firmin, *Les Français et la neige* in *Le Français dans le Monde*. Paris, Hachette/Larousse (octobre-novembre 1971), n° 8, p. 34.
2. M. Callamand, F. Firmin, S. Lieutaud, *Méthodes actives en langue étrangère et travail sur document. Guide pour l'utilisation et l'exploitation des textes authentiques dans la classe,* niveau 2. Paris, B.E.L.C. (1974). Document dactylographié.

gique se trouve dans ce deuxième cas sensiblement modifié : l'enseignant n'est plus le détenteur d'un accès unique à un contenu, il devient un intermédiaire. Il propose un éventail de documents dont l'emploi n'est pas systématiquement exhaustif, dont l'enchaînement peut être facultatif, dont la cohérence est à construire pendant la classe. A moins que l'enseignant en refuse explicitement ou inconsciemment l'esprit, le travail sur documents peut être porteur d'un véritable renouveau des pratiques de classe, en sollicitant auprès de l'élève des démarches personnelles de découverte, des stratégies de lecture autonome. Cette seconde direction de travail convie, à la différence de la première, à analyser l'information en faisant jouer les documents les uns par rapport aux autres. Il y a là les éléments d'une démarche de réflexion, selon les dossiers, parfois à l'état embryonnaire, parfois structurée comme le montre l'exemple suivant.

1.2. Du savoir au savoir interpréter : indices, hypothèses, généralisations

Une étape méthodologique est franchie lorsqu'on considère que les documents de nature différente associés dans le dossier de civilisation — publicités écrites ou orales, diapos, graphiques, etc. — exigent, pour être déchiffrés, un savoir-faire technique minimum.

FICHE

INITIATION À L'ÉTUDE D'UN OUVRAGE SCIENTIFIQUE

Dans le cadre d'une formation s'adressant à des étudiants avancés, les deux propositions pédagogiques décrites ci-après[1] s'organisent à partir de la lecture et de l'analyse d'ouvrages techniques. Des « spécialistes » ont la parole : ici R. Dumont et F. de Ravignan, auteurs de *Nouveaux voyages dans les campagnes françaises* (Paris, Le Seuil, 1977), ou les experts du Centre d'Étude des Revenus et des Coûts (C.E.R.C.) pour les rapports de 1977 et 1979 sur *Les Revenus des Français*.

---

1. *Pour lire les revenus des Français*. Dossier pédagogique préparé par A. Bimmel-Estebau, F. Eijkhaut, M.-C. Escalle-Kok, A. Saint-Dekker, H. Vermeulen, J. van Vliet. Coordination : J.-M. Gautherot. Pays-Bas, juin 1981. Document dactylographié.
Nouveaux voyages dans les campagnes françaises. Dossier pédagogique préparé par D. ven den Brinck, M. Gijswijt-Noel, H. Henri, R. Meijer, W. Spapens. Préface de J.-M. Gautherot. Pays-Bas, juillet 1981. Document dactylographié.

Il s'agit de valoriser, dans ce cas, l'accès à des documents de première main. « L'idée initiale [est] de réaliser un dossier pédagogique donnant accès à un document unique et spécialisé [...], une tentative pour répondre à la fois au souci de scientificité et aux besoins de données référentielles[1]. » Trois étapes ordonnent le déroulement du dossier concernant les revenus des Français.

« Le premier volet, "Documents d'approche", peut être conçu à la fois comme une introduction motivante à l'étude de l'ouvrage du C.E.R.C. et comme étude parallèle approfondie et critique d'un des thèmes du livre. » Dans cette partie, les élèves sont invités à calculer le revenu global d'un contribuable à partir d'un bulletin de paye et les prestations sociales auxquelles il a droit. Les controverses politiques et syndicales autour du SMIC sont présentées.

« Le second volet, "Guide de lecture", permet par ses questions guides et ses questions de contrôle de mener individuellement ou en groupe une étude détaillée des trois composantes de la notion de revenus : les salaires, les impôts, les prestations sociales. » Des fiches de lecture proposent des parcours précis dans le texte.

« Le troisième, "Revue de presse", [...] invite à une réflexion sur l'accueil réservé à l'ouvrage, sur sa place en tant que phénomène politique, et sur ses répercussions. » Plus que le rapport lui-même, c'est sa mise en scène en tant qu'événement économique et politique dans les différents organes de presse qui est cette fois étudiée.

Dans ce type de démarche, deux soucis prédominent : initier l'élève aux notions nécessaires à la lecture d'un document technique (soit proposer une démarche de vulgarisation qui n'impose pas la réécriture d'un document supposé « trop difficile ») ; inviter à une démarche de comparaison entre la réalité économique du pays de l'élève et la France, sur la base de faits précis et quantifiés (avec recours dans ce cas précis à des documents officiels néerlandais). Dans la classe de français, les élèves sont donc aussi invités à dresser un tableau des hauts et bas salaires aux Pays-Bas, à comparer les prestations sociales en France et aux Pays-Bas pour un même revenu, etc. L'aspect le plus formateur de ce travail est qu'il met en relief la nécessaire technicité de la comparaison entre réalités culturelles et sociales différentes : le seul recours au taux de change est insuffisant pour obtenir des données économiques comparables ; le C.E.R.C. utilise dans son rapport de 1979 une comparaison des prix de différents produits de consommation courante dans plusieurs capitales européennes sur la base du temps de travail nécessaire pour acheter ces articles, à partir des gains horaires bruts des ouvriers de l'industrie à un moment donné. Leçon de rigueur méthodologique dont on peut se rappeler les vertus à bien d'autres moments dans la classe.

---

1. J.-M. Gautherot, *op. cit.* (1981), introduction générale.

Dans ce cas, le travail en classe ne dissocie pas la recherche de l'information fournie par le document et l'apprentissage du mode d'écriture propre à ce document[1]. Le saut méthodologique est important : la découverte d'un document se fait à travers un travail d'interprétation des signes, des **indices** qui y affleurent plus ou moins explicitement. Ce que F. Debyser appelle «l'approche sémiologique» : elle «aidera à reconnaître, à interpréter, à comprendre et à mettre en rapport les significations, les sens, les connotations culturelles véhiculées par les faits et documents de civilisation», et «va donc permettre d'identifier et d'analyser signes culturels, faisceaux de connotations, réseaux de signification[2]. »

Le document n'est plus exclusivement appréhendé comme un contenu, une information que l'élève doit assimiler, mais au lieu de postuler la transparence culturelle du document, on appréhende celui-ci comme un ensemble d'allusions, d'implicites, qui témoigne de son ancrage culturel, source à la fois de richesse et d'obscurité par un élève étranger. La définition de la compétence culturelle à acquérir dans une culture étrangère se trouve ainsi déplacée de la thésaurisation de savoirs «essentiels» sur des sujets «importants» à une **capacité à repérer et à déchiffrer les mécanismes allusifs du discours.**

Les consignes de travail évoluent elles aussi en invitant à ne plus envisager le document comme un objet absolu : en faisant jouer les documents les uns par rapport aux autres, l'élève est convié à repérer les règles de construction de tel type de document, les traces énonciatives, les marqueurs sociaux, les allusions voilées ; **le document se trouve ainsi analysé pour ce qu'il dit et pour ce qu'il ne dit pas, objet construit de paroles et de silences.**

Publicités, documents administratifs, chansons, etc., renvoient à un contexte culturel dont on cherche à reconstituer

---

1. Citons, entre autres, quelques travaux où cette dimension est tout à fait explicite :

— F. Mariet, *Pour une pédagogie de la sémiologie graphique* in *Le Français dans le Monde*. Paris, Hachette/Larousse (mai-juin 1978), n° 137.

— L. Chambard, *Des objets et des hommes*. Sèvres, C.I.E.P. (1979). E.L.P. n° 68, «Dossiers de Sèvres».

— J.-C. Beacco, J.-M. Caré, F. Debyser, C. Girod, G. Zarate, *Français, langue, civilisation française*. Paris, Colin/B.E.L.C. (1980), «Encyclopédie Visuelle».

— P. Charaudeau, *Le Discours propagandiste* in *Le Français dans le Monde*. Paris, Hachette/Larousse (janvier 1984), n° 182, pp. 100 à 104.

2. F. Debyser, *Lecture des civilisations* in *Mœurs et Mythes*. Paris, Hachette (1981), pp. 12 et 14.

l'organisation d'ensemble[1]. La démarche s'organise ainsi à partir d'une dialectique du tout et de la partie, des indices et de leur possible degré de généralisation. Le problème de la **représentativité** se trouve posé dans les faits. Jusqu'à quel point tel indice se trouve-t-il pertinent ? Quelles sont les limites imposées par la nature de tel ou tel document à la description des faits sociaux et culturels ?

La démarche peut sembler insatisfaisante, dépouillée de toute référence à un « savoir essentiel ». Ce qu'elle perd en pouvoir sécurisant, elle le gagne, en fait, en scientificité. Elle rompt en effet avec des représentations classiques de la connaissance fondées sur l'accumulation de savoirs et la notion de vérité[2] en apprenant à associer, dans la découverte des faits culturels étrangers, recherche de connaissances et distance critique dans leurs modes d'accès.

1.3. L'observation des faits culturels

L'introduction en classe de documents issus de la presse parlée et écrite permet de sensibiliser les élèves aux différentes écritures d'un même événement médiatique. Mais ce travail de mise en relation de documents de sources diverses ne doit pas se limiter aux seuls médias pour aboutir à une véritable sensibilisation à la relativité culturelle.

Si l'on postule **l'indissociable solidarité entre l'observateur et l'objet de son observation** les interrogations suivantes sont de ce fait centrales dans la démarche pédagogique : comment intégrer l'observateur et les situations dans lesquelles il se trouve impliqué dans une démarche d'objectivation ? Comment la subjectivité inhérente au rapport immédiat avec la réalité sociale peut-elle devenir connaissance scientifique ?

---

1. On peut consulter sur ce point, à titre d'exemples :
— G. Alvarez, *Civilisation et formation des enseignants* in *Actes de la Première Biennale de l'Alliance Française.* Buenos Aires ; Alliance Française (1983), pp. 146 à 152.
— L. Chambard, *1975-1984, quelques changements dans la société française, saisis à travers l'évolution des annonces publicitaires* in *Les dimensions culturelles de l'enseignement du français.* Les Amis de Sèvres, C.I.E.P. (1985), n° 119, pp. 81 à 102.
— J.-C. Beacco, S. Lieutaud, *Tours de France,* livre de l'élève. Paris, Hachette (1985).
2. Pour éviter les pièges d'une représentation naïve de la vérité fondée sur une foi dans les vertus de quantitatif, on peut se reporter à :
A. Lichnerowicz, *Mathématiques et espaces de vérité,* et D. Schwartz, *Statistique et vérité,* in *Le Genre humain.* Paris, Maison des Sciences de l'Homme, École des Hautes Études en Sciences Sociales, C.N.R.S. Éditions Complexe (1983), n° 7-8, pp. 19 à 34 et pp. 53 à 66, *La Vérité.*

A la question « qu'est-ce que la culture française ? », qui s'impose au premier abord comme essentielle en didactique du français langue étrangère, il convient de substituer l'interrogation suivante : qu'est-ce que décrire ?, et de construire une classe de langue où soient données les conditions d'une observation objectivante de la réalité étrangère.

1.3.1. *Le regard critique*

Trois affirmations, souvent implicitement perçues comme fondatrices d'une démarche en français langue étrangère, sont à démonter : ceci est français, ceci est étranger, ceci est important. Affirmer que des pratiques, des faits sont français peut conduire à des raccourcis périlleux s'il s'agit d'inférer que ces faits et ces pratiques sont spécifiquement français et sont de ce fait représentatifs de la communauté française. Ce type d'affirmation est méthodologiquement risqué dans la mesure où il contient en même temps le postulat d'une unité nationale politique, linguistique ou culturelle.

De la même façon, désigner des pratiques culturelles comme étrangères peut induire une relation exotique, spectaculaire qui exclut tout rapport impliquant entre l'élève et les faits culturels présentés par le seul effet de la mise en scène scolaire. Or la question « qu'est-ce que la France ? » ou « qu'est-ce que les Français ? », ne se pose guère en ces termes dans l'ordinaire des pratiques culturelles des Français. Si elle est posée dans le contexte français c'est pour servir un discours nationaliste [1] et la production d'auto-stéréotypes. Bien que la troisième affirmation « ceci est important », soit fondatrice de l'autorité scolaire, elle mérite aussi l'examen : elle impose en effet une ligne de partage entre l'essentiel et l'accessoire, entre le savoir indispensable et le savoir facultatif.

La démarche doit donc intégrer **la mise à plat de ces effets symboliques qui consacrent des représentations légitimes de la culture,** qui imposent une mise en forme unifiante, réductrice et autoritaire des contenus enseignés afin que « discours vrai » et « parole d'autorité » soient définitivement dissociés. C'est à ce titre que guides, précis, manuels d'histoire constituent des outils didactiques pour une étude *au second degré* de leurs mécanismes de construction du sens (cf. fiche : Un discours d'importance : la visite guidée).

---

1. Cf. chapitre 2 : 2.1 L'écriture officielle de l'histoire nationale ; fiche : Le discours nationaliste : la mort de Jeanne d'Arc.

UN DISCOURS D'IMPORTANCE :
LA VISITE GUIDÉE [1]

La visite guidée constitue un genre qui a son répertoire. Parmi les variantes possibles, quelles sont celles que vos élèves privilégient ? Partant de leur expérience personnelle, ils sont invités ici à définir leur image du guide idéal, et par là même à préciser le mode de transmission des connaissances, le type de contact personnel et la nature du savoir qu'ils valorisent.

1. PORTRAIT-ROBOT DU GUIDE IDÉAL

Parmi les affirmations suivantes, choisissez les trois qui vous semblent prioritaires pour décrire le guide idéal :
— il parle ma langue maternelle (1),
— il donne des dates (2),
— il explique le contexte historique (3),
— il fait rire (4),
— il me montre ce qui est important (5),
— il parle des difficultés de son travail (6),
— il répond à des questions (7),
— il demande qu'on lui pose des questions (8),
— il laisse le temps de regarder (9),
— il est enthousiaste (10),
— il exige le silence quand il parle (11),
— il dit ce qui est beau (12),
— il raconte des anecdotes (13),
— il ne répète pas toujours les mêmes choses à toutes les visites (14),
— il encourage les visiteurs à commenter ce qu'ils voient (15),
— il me montre le maximum de choses dans le minimum de temps (16),
— il me laisse juger par moi-même (17),
— il veille à ce que les visiteurs ne dégradent pas les lieux (18),
— il ne se trompe jamais (19),
— il a une bonne diction (20).

Analysez ensuite, avec le concours des élèves, la cohérence de leurs réponses.
— Les réponses 2, 5, 11, 12, 16, 18, 19 insistent sur l'autorité du guide et sur une définition scolaire du savoir à transmettre.
— Les réponses 8, 9, 15, 17 valorisent au contraire un mode d'acquisition du savoir où le visiteur n'est pas appréhendé comme un simple consommateur : il est partie prenante dans le processus d'élaboration des connaissances.
— Les réponses 4, 6, 14 définissent un style de visite où le guide valorise le contact avec le public. Dans ce cas, l'intérêt des visiteurs peut se trouver déplacé de la chose à connaître vers la personnalité du guide.
— On pourra faire remarquer qu'une fiche qui cocherait par exemple les propositions 8 et 11, les propositions 5 et 17, ou les propositions 19 et 13 associerait des qualités plutôt contradictoires.

---

1. Extrait de : M. Arruda, G. Zarate, D. van Zundert, *Le Regard touristique*. Paris, B.E.L.C. (1985).

2. MESDAMES ET MESSIEURS,
LA VISITE VA COMMENCER

(Transcription)

Alors, vous êtes ici dans la petite salle à manger. Sur la cheminée, une reproduction des armes des Tonneliers de Breteuil, propriétaires du château au XVIIIᵉ siècle. Un buffet provincial Louis XV en bois fruitier. Une table pour le repas de chasse avec le passe-plat. Et rappelant également la chasse et la pêche, deux tableaux du XVIIᵉ siècle dans le goût du Caravage.

La salle des gardes : cette pièce a été restaurée et aménagée en salle au début du siècle. Sur la cheminée, les armes du Duc de Vendée, propriétaire du château au début du XVIIᵉ siècle. Un très beau dessus de cheminée avec une peau d'ours. Une pendule Louis XIV avec timbre en bronze. Un buffet Renaissance. La table du XVIᵉ siècle proviendrait de l'Abbaye de Cluny. Au mur, un tableau du XVIIIᵉ siècle représentant Diane et ses compagnes à la fin d'une partie de chasse. Le vestibule : sur la cheminée, le bouton de chasse de l'équipage de Luzarche d'Azay, c'est-à-dire devise en vieux français : « jusques au bout ». Monsieur Luzarche, père de Madame Hersent, était lieutenant de louveterie. Ces têtes et ces bois de cerfs sont des trophées de chasses faites en forêts d'Azay et de Preuilly. Et il y avait une trentaine de prises par saison, à l'époque. Dans la vitrine, la redingote de chasse. Au mur, quelques tableaux représentant l'équipage. Et un coffre du XVᵉ, style gothique flamboyant.

1. Relisez les 20 propositions de la fiche « Votre portrait-robot du guide idéal. » Cochez les fonctions qui sont remplies par ce guide.

2. Quelles sont à votre avis, parmi les propositions restantes, celles qui peuvent se produire dans cette visite guidée et celles qui n'ont pratiquement pas de chance de se trouver réalisées ?

3. Comment le guide s'y prend-il pour désigner ce qui est important ? Illustrez les procédés suivants en cherchant des extraits dans le texte.
● Il porte des appréciations :
exemple : un très beau dessus de cheminée.
● Il nomme sans expliquer :
exemples : une belle cheminée Renaissance,
         style gothique flamboyant.
● Il donne des indications biographiques :
exemple : père de Madame Hersent, lieutenant de louveterie.
● Il signale l'époque d'origine :
exemples : deux tableaux du XVIIᵉ,
         un coffre du XVᵉ,
         style gothique flamboyant.
● Il précise la nature des matériaux :
exemples : un timbre en bronze,
         un buffet en bois fruitier,
         bois de cerfs.

On veillera donc à ce que la description des faits culturels ne soit pas exclusivement confiée à ceux qui, institués représentants d'un groupe — leaders syndicalistes ou porte-parole d'une minorité culturelle —, détiennent leur pouvoir de l'exercice légitime de la parole : par les effets de la mise en scène scolaire, cette parole serait ainsi perçue dans l'absolu et les effets propres à un pouvoir mandaté en seraient masqués. Pour mettre en perspective le point de vue de ceux qui savent « ce que parler veut dire », parole doit être aussi donnée aux usagers de l'espace social dont il est question. Il ne s'agit pas ici seulement d'opposer pouvoir dominant et parole anonyme, mais aussi de montrer que dans le silence des pratiques quotidiennes circule du sens (cf. texte de référence ci-contre).

1.3.2. Le regard croisé

Cet écart entre la parole instituée et les pratiques quotidiennes peut être mis au service de l'analyse en confrontant ainsi les différentes représentations d'un même espace social, en faisant croiser les regards sur un même fait culturel [1]. La dynamique est du même ordre lorsque dans le cadre d'un programme d'« ethnologie inverse » la parole est confiée à des chercheurs africains et malgaches pour étudier certains aspects de la vie quotidienne en France [2]. Il ne s'agit pas seulement de donner la parole à d'autres Usbeck et Rica — les Persans de Montesquieu [3] — ou de refaire l'énorme clin d'œil de Jean Rouch dans *Petit à Petit* [4], mais de renoncer à la symétrie des regards pour cerner, comme dans le cas de Massaer Diallo, les usages français de l'irrationnel [5] (cf. texte suivant).

---

1. Cette démarche se trouve esquissée dans quelques manuels de français langue étrangère. Citons :
— L. Wylie, *Chanzeaux, village d'Anjou*. Paris, Galimmard (1970), appendices 2 et 3 : *Les Américains à Chanzeaux, Chanzeaux répond*.
— J.-M. Rey, G. Santoni, *Quand les Français parlent*. Rouley, Newbury House Publishers (1975), chapitre consacré aux Français en Amérique.
2. *Programme d'ethnologie de la France par des chercheurs du Tiers Monde.* Paris, Maison des Sciences de l'Homme. A l'initiative de R. Bastide.
3. Montesquieu, *Lettres persanes,* 1720. On pourra cependant relire la lettre XXIV avec profit.
4. J. Rouch, *Petit à petit* (film, 1970).
5. M. Diallo, *Les Marabouts de Paris* in *Un regard noir. Les Français vus par les Africains.* Paris, Autrement (1984), pp. 131 à 198.

Il y a longtemps qu'on a étudié, par exemple, quelle équivoque lézardait de l'intérieur la « réussite » des colonisateurs espagnols auprès des ethnies indiennes : soumis et même consentants, souvent ces Indiens *faisaient* des actions rituelles, des représentations ou des lois qui leur étaient imposées autre chose que ce que le conquérant croyait obtenir par elles ; ils les subvertissaient non en les rejetant ou en les changeant, mais par leur manière de les utiliser à des fins et en fonction de références étrangères au système qu'ils ne pouvaient fuir. Ils étaient autres, à l'intérieur même de la colonisation qui les « assimilait » extérieurement ; leur usage de l'ordre dominant jouait son pouvoir, qu'ils n'avaient pas les moyens de récuser ; ils lui échappaient sans le quitter. La force de leur différence tenait dans des procédures de « consommation ». A un moindre degré, une équivoque semblable s'insinue dans nos sociétés avec l'usage que des milieux « populaires » font des cultures diffusées et imposées par les « élites » productrices de langage.

La présence et la circulation d'une représentation (enseignée comme le code de la promotion socio-économique par des prédicateurs, par des éducateurs ou par des vulgarisateurs) n'indiquent nullement ce qu'elle est pour ses utilisateurs. Il faut encore analyser sa manipulation par les pratiquants qui n'en sont pas les fabricateurs. Alors seulement on peut apprécier l'écart ou la similitude entre la production de l'image et la production secondaire qui se cache dans les procès de son utilisation.

Notre recherche se situe dans cet écart. Elle pourrait avoir pour repère théorique la *construction* de phrases propres avec un vocabulaire et une syntaxe *reçus*. En linguistique, la « performance » n'est pas la « compétence » ; l'acte de parler (et toutes les tactiques énonciatives qu'il implique) n'est pas réductible à la connaissance de la langue. A se placer dans la perspective de l'énonciation, propos de cette étude, on privilégie l'acte de parler : il *opère* dans le champ d'un système linguistique ; il met en jeu une *appropriation,* ou une réappropriation, de la langue par des locuteurs ; il instaure un *présent* relatif à un moment et à un lieu ; et il pose un *contrat avec l'autre* (l'interlocuteur) dans un réseau de places et de relations. Ces quatre caractéristiques de l'acte énonciatif pourront se retrouver en bien d'autres pratiques (marcher, cuisiner, etc.). Une visée s'indique au moins dans ce parallèle, qui ne vaut que partiellement, on le verra. Elle suppose qu'à la manière des Indiens les usagers « bricolent » avec et dans l'économie culturelle dominante les innombrables et infinitésimales métamorphoses de sa loi en celle de leurs intérêts et de leur règles propres. De cette activité fourmilière, il faut repérer les procédures, les soutiens, les effets, les possibilités.

M. de Certeau, *L'Invention du quotidien,* tome 1 : *Arts de faire.* Paris, U.G.E. (1980), « 10/18 » n° 1 363, pp. 12-13.

Le schéma ci-dessous peut résumer la démarche proposée : se garder des descriptions relevant du croquis n° 1 qui valorisent un discours institutionnel, légitime, qui imposent une vision réifiée des contenus culturels ; ou utiliser ces descriptions pour les relativiser parmi d'autres points de vue (celui des usagers, celui de personnes extérieures au champ décrit, celui des élèves eux-mêmes), comme le suggère le croquis n° 2 : dans ce second cas, la définition des contenus culturels est l'objet explicite du travail à effectuer en classe avec les élèves, cette responsablité n'étant plus déléguée à une autorité.

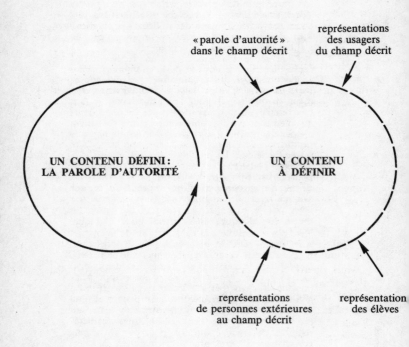

« parole d'autorité »
dans le champ décrit

représentations
des usagers
du champ décrit

UN CONTENU DÉFINI :
LA PAROLE D'AUTORITÉ

UN CONTENU
À DÉFINIR

représentations
de personnes extérieures
au champ décrit

représentation
des élèves

Croquis n° 1   Croquis n° 2

Sur le plan du choix du thème de recherche, nous n'avons pas suivi la problématique des spécificités (tant les valeurs et traditions spécifiques nous semblent évanescentes dans ce qui pourrait fonder leur singularité ou leur exclusivité), ni la logique des *correspondances inversées*. Nous avons pris le parti d'explorer les ressemblances, inattendues ou cachées, objectivement ou subjectivement d'une part, et avons pensé notre objet à étudier autrement qu'en termes exclusifs de Français d'autre part. Car justement, la France, c'est tous ceux qui y vivent. C'est un pays socialement, culturellement et racialement hétérogène. Il y a une majorité de Français, mais aussi une minorité d'immigrés. Ceux-ci appartiennent culturellement et juridiquement à leur pays d'origine ; mais socialement, et en dépit de leur recomposition ethnique, ils s'insèrent objectivement dans les rapports sociaux et de production en France même. Ils y constituent une partie des forces productives, sont insérés dans la stratification sociale et sont en commerce culturel avec les indigènes de leur pays d'accueil.

Dans le cadre de l'ethnologie inverse, nous avons jugé utile de faire des investigations sur les liens des Français à des marabouts immigrés et de cerner les rapports d'échange qui existeraient entre eux. En l'occurrence, il s'agira ici de donner une idée de la production marchande de maraboutages (par des immigrés) pour un *usage français*. Or, cet usage renvoie à l'existence endogène d'occurrences de ce qui est ethnologiquement appelé « pensée sauvage » : traditions et modes de pensée magiques fondés sur le surnaturel et/ou l'irrationnel.

Mais pourquoi sacrifier ainsi à la tradition ethnologique d'enquête sur la pensée sauvage dont l'universalité est maintenant théoriquement établie et admise (cf. Lévi-Strauss) et la réalité en France ethnologiquement montrée (cf. Favret-Saada) ?

Est-ce à dire que l'anthropologie inverse serait un exotisme tardif et/ou un ethnocentrisme inscrit(s) dans une problématique revancharde qui donnerait un effet boomerang aux vieilles thèses péjoratives de l'ethnologie coloniale ?

En réalité, il s'agit d'une expérience scientifique (pour autant qu'il existe des sciences humaines) à portée culturelle, premier moment dans un projet de regards croisés (en anthropologie sociale) qui aurait l'intérêt de contribuer à la multiplication des conditions d'une baisse tendancielle des méprises mutuelles dans l'approche des différences.

....

L'enquête ethnologique menée en France par des chercheurs du Tiers-Monde ne peut être vraiment féconde que si elle donne l'occasion et se prolonge dans un questionnement pluriel dont ce qui précède ne fournit qu'un exemple. C'est à ce prix que ce qui est appelé ethnologie inverse pourrait échapper à une situation, la destinant à n'être que la production de quelques monographies de plus en France, sur des sujets du reste abordés par des autochtones. Toutefois, en refusant de se cantonner dans une pratique muette, elle pourrait porter soit l'illusion d'être un travail d'expertise socio-culturelle à conclusions opérationnelles, soit celle de révolutionner les sciences de l'Homme ou, le cas échéant, d'en inaugurer une nouvelle forme. Seule la réflexion épistémologique articulée à une pratique effective semble pouvoir faire éviter les travers et les illusions et permettre en même temps de récuser les faux sens qu'on peut lui prêter en marge et en dehors des sciences humaines.

M. Diallo, *Les Marabouts de Paris* in *Un regard noir.*
Les Français vus par les Africains. Paris, Autrement (1984), pp. 127 à 129.

1.4 Le passage d'une culture à une autre

La relation complexe entre la culture maternelle de l'élève et la culture étrangère doit être instituée en objet de travail spécifique. Faute de quoi, la démarche pédagogique induit la transparence absolue entre deux systèmes d'interprétations différents et ne permet pas une étude précise de leurs dysfonctionnements [1].

Le malentendu culturel est un sujet qui a été peu analysé [2] mais dont on ne peut sous-estimer l'importance dans la communication : cela peut aller de la simple méprise (prendre un foie gras pour un simple pâté) — dont on peut se tirer par des

---

1. Cf. chapitre 1 : 3.1. L'incommunicabilité relative entre membres de cultures différentes.

2. Signalons à ce sujet, en français langue étrangère :
— H. Besse, *Didactique et interculturalité* in *Vivre le Français. Dialogue des cultures et formation de la personne.* Sèvres, F.I.P.F. (1985), n° 26, pp. 99 à 105.
— S. Benadava, *La Civilisation dans la communication* in *Le Français dans le Monde.* Paris, Hachette/Larousse (avril 1984), n° 184, pp. 79 à 86. Quelques exemples.

excuses lorsque le malentendu est identifié par les deux interlocuteurs — au véritable dialogue de sourds qui peut être parfois porteur d'enjeux de vie et de mort[1]. Il est utopique de prétendre enseigner aux élèves l'ensemble des situations générant des malentendus culturels (on retomberait dans l'illusion sécurisante de la nomenclature). Mais il est possible d'entraîner les élèves à leur prévision en montrant que le passage d'une culture à l'autre peut être assimilé, d'une certaine façon, à une opération de conversion (cf. fiche), et de leur apprendre ainsi à **anticiper les risques de malentendus.**

Mais le passage d'une culture à l'autre ne peut être abordé sous le seul angle des grandes aires culturelles, politiques et économiques ou des rapports de nations à nations ; il doit également être abordé comme le repérage d'indices spécifiques d'une communauté, qu'elle soit définie comme une entité nationale, géographique (région, localité, quartier), sociale (les joueurs de boules, les cadres) ou familiale. Situer socialement son partenaire est une exigence requise à la fois pour l'étranger et pour le natif[2].

« La condition préalable et nécessaire à une communication pleine et entière, c'est que chacun de ceux qu'elle engage reconnaisse à l'autre la qualité pleine et entière de sujet[3]. »

Pour que la démarche pédagogique en classe de langue prenne en compte cette règle, il faut sensibiliser les élèves à d'autres processus d'identification que la seule appartenance nationale. Un même individu, dans des interactions différentes, peut être fort différemment identifié, chaque interaction sollicitant une ou

---

1. Cf. *Huit mutins condamnés à Papeete sont rejugés à Versailles* in *Le monde* du 22 avril 1982, p. 14 :
« Devant les Assises des Yvelines, quatre ans plus tard à mains nues, ils comparaissaient devant l'inexplicable. L'interprète, un Tahitien calme et doux, leur traduit les questions de Mme la Présidente. Ils répondent à côté, ailleurs, dans leur monde. L'interprète : " Vous aimez le cinéma, pourquoi ? ". L'accusé : " Non. " La Présidente : " Vous n'aimez pas le cinéma. " L'accusé : " Il y a un an que je cherche à vous répondre et je ne sais pas. " On continue : " Pourquoi ne travaillez-vous pas en prison ? " Réponse : " Parce qu'il y en a qui se lavent avec le savon de Marseille et d'autres avec des savonnettes. "
A un autre : " Votre sœur dit que vous étiez gentil avec ses enfants et que vous leur offrez des cadeaux ? " Réponse : " Non, madame, jamais. " " Avez-vous eu du chagrin à la mort de votre mère ? " " Non. " Et l'interprète traduit : " Pourquoi il ne travaillait pas ? Mais parce qu'il n'avait pas envie. " Pourquoi ? Pourquoi ? " C'est ainsi ", répond l'interprète. Et pour finir : " Vous viviez avec votre oncle et votre tante ? " " Le mari de ma tante n'est pas mon oncle. " »
2. Cf. chapitre 2 : Représentations du temps et de l'espace.
3. L. Chambard, *Comment peut-on être Persan ? ou La Communication entre personnes de cultures différentes est-elle possible et à quelles conditions ?* in *Les Amis de Sèvres.* Sèvres, C.I.E.P. (décembre 1982), n° 4, *La Communication intercultu-relle*, p. 7.

FICHE

PRÉVOIR DES MALENTENDUS [1]

Le document ci-dessus est extrait du contexte français. S'appuyer sur les implicites qui circulent dans le contexte colombien et qui sont mis à jour dans la fiche « Apprendre à questionner » (chapitre 1), et dire quelles sont les interprétations erronées dont ce document peut être l'objet s'il est appréhendé à travers les références colombiennes.

Les croquettes de pommes de terre présentées ci-dessus peuvent être perçues dans un contexte colombien par une association avec les *bunuelos* comme :
— un produit régional typique,
— une fabrication traditionnelle,
— un ingrédient de fête,
— un plat associé à un moment empreint de religiosité.

Il est clair qu'aucune de ces connotations n'est pertinente dans le contexte français, mais il reste délicat de délimiter les connotations spécifiquement françaises des croquettes de pommes de terre. Ce n'est d'ailleurs pas l'objectif de cet exercice. On pourra néanmoins retenir que ces connotations sont difficiles à délimiter pour le produit français, mais que le plat présenté (rôti de bœuf et croquettes) semble être le substitut valorisé du fameux beefsteak-frites.

---

1. Le travail est adapté de : G. Zarate, *Une approche en classe de langue des pratiques culinaires et de leur signification* in *Les Amis de Sèvres*. Sèvres, C.I.E.P. (juin 1984), *Cuisines et cultures,* pp. 44 à 50.

plusieurs facettes différentes de l'identité. On sait combien la presse — de faits divers notamment — joue avec ces éclairages différents, pouvant faire de la même inculpée soit une mère de famille de cinq enfants, soit une ouvrière immigrée, soit une militante syndicaliste.

Il importe que, dans la classe de langue, ces phénomènes d'identité soient abordés dans leur complexité. Les exercices suivant peuvent y concourir :
— Dénombrer les groupes sociaux — larges ou restreints — auxquels un individu A manifeste son appartenance à travers un document.
— En choisissant un individu B appartenant à l'un des groupes évoqués par A, renouveler l'analyse. Relevez le ou les groupes sociaux auxquels se réfèrent en commun A et B, et ceux qu'ils ne partagent pas. Quels types d'implicites peuvent-ils partager ensemble ?
— Même exercice avec un individu C. A et B peuvent-ils partager un certain nombre d'implicites avec lui ? Quelles sont les références que C a peu de chances de partager avec A ?, avec B ?, etc.

Un travail de ce genre peut faire apparaître des réseaux de connivence, des complicités de sens à différents niveaux. Sans prétendre les dénombrer tous, les critères suivants ont un grand degré de généralisation.
— sexe,
— génération,
— appartenance géographique (quartier, localité, région),
— milieu professionnel,
— trajectoire sociale.

Dans le document suivant [1] on voit comment cette démarche peut être poursuivie auprès de l'élève lui-même en l'invitant à analyser les composantes de sa propre identité et à anticiper l'explication des allusions qui ont peu de chances d'être partagées par un public donné.

Expliquer des aspects de la culture maternelle est une situation bien courante pour toute personne en contact avec des étrangers. On ne saurait négliger dans la classe de langue l'importance de cet exercice qui, réalisé empiriquement, comporte le risque de voir une expérience particulière interprétée en vérité générale. Si l'on apprend à l'élève non seulement à se construire des repères sociaux dans la culture étrangère mais aussi à se situer socialement dans son environnement maternel, il a plus de chances de comprendre jusqu'à quel point il peut se déclarer représentant de tel ou tel groupe social sans n'être que cela.

---

1. Présenté en octobre 1982, dans le cadre de notre thèse de 3ᵉ cycle, université Paris V.

FICHE

MÉMOIRE ET IDENTITÉ

43   Je me souviens de l'Adagio d'Albinoni.

44   Je me souviens de l'émission de Jean Lec : Le Grenier de Montmartre.

45   Je me souviens du contentement que j'éprouvais quand, ayant à faire une version latine, je rencontrais dans le Gaffiot une phrase toute traduite.

46   Je me souviens de l'époque où la mode était aux chemises noires.

47   Je me souviens des postes à galène.

48   Je me souviens que j'avais commencé une collection de boîtes d'allumettes et de paquets de cigarettes.

49   Je me souviens que c'est grâce à Édith Piaf que les Compagnons de la Chanson, Éddie Constantine et Yves Montand débutèrent.

50   Je me souviens de l'époque où Sacha Distel était guitariste de jazz.

51   Je me souviens des autobus à plate-forme : quand on voulait descendre au prochain arrêt, il fallait appuyer sur une sonnette, mais ni trop près de l'arrêt précédent, ni trop près de l'arrêt en question.

52   Je me souviens de l'époque où un immeuble (de dix étages) qui venait d'être achevé au bout de l'avenue de la Sœur-Rosalie était le plus haut de Paris et passait pour un gratte-ciel.

53   Je me souviens que j'étais très triste que l'actrice Maggie McNamara n'ait joué que dans *The Moon is blue*. Plus tard, j'ai appris qu'elle était la fille du ministre de la Guerre.

54   Je me souviens que Voltaire est l'anagramme de Arouet L(e) J(eune) en écrivant V au lieu de U et I au lieu de J.

55   Je me souviens que c'est en voulant monter une superproduction intitulée *Marco Polo* que Raoul Lévy fit faillite.

56   Je me souviens que c'est Sacha Guitry qui trouva le slogan « Eleska c'est exquis ».

57   Je me souviens que Christian-Jaque divorça d'avec Renée Faure pour épouser Martine Carol.

58   Je me souviens que le coureur automobile Sommer était surnommé le « sanglier des Ardennes ».

59   Je me souviens de « GARAP ».

60   Je me souviens des G-7 avec leurs vitres de séparation et leurs strapontins.

61   Je me souviens que les Noctambules et le Quartier latin, rue Champollion, étaient des théâtres.

62   Je me souviens des scoubidous.

63   Je me souviens de « Dop Dop Dop, adoptez le shampoing Dop ».

64   Je me souviens comme c'était agréable, à l'internat, d'être malade et d'aller à l'infirmerie.

65   Je me souviens qu'à l'occasion de son lancement, l'hebdomadaire *Le Hérisson* (« le Hérisson rit et fait rire ») donna un grand spectacle au cours duquel, en particulier, se déroulèrent plusieurs combats de boxe.

66   Je me souviens d'une opérette dans laquelle jouaient les
      Frères Jacques, et Irène Hilda, Jacques Pills, Armand
      Mestral et Maryse Martin. (Il y en eut une autre, des années
      plus tard, également avec les Frères Jacques, qui s'appelait
      La Belle Arabelle ; c'est peut-être dans celle-là, et pas dans la
      première, qu'il y avait Armand Mestral.)

67   Je me souviens que je devins, sinon bon, du moins un peu
      moins nul en anglais, à partir du jour où je fus le seul de la
      classe à comprendre que *earthenware* voulait dire « poterie ».

68   Je me souviens de l'époque où il fallait plusieurs mois et
      jusqu'à plus d'une année d'attente pour avoir une nouvelle
      voiture.

69   Je me souviens qu'à Villard-de-Lans j'avais trouvé drôle le
      fait qu'un réfugié qui se nommait Normand habite chez un
      paysan nommé Breton. Des années plus tard, à Paris, j'ai ri
      tout autant de savoir qu'un restaurant appelé Le Lamartine
      était célèbre pour ses chateaubriands.

(Extrait de : G. Perec, **Je me souviens.** Paris, Hachette [1978],
pp. 23 à 28.)

A côté de ce premier corpus, on peut également examiner un
extrait du livre de Christiane Rochefort : *Ma vie revue et corrigée par
l'auteur,* où l'auteur reprend le procédé en « o, mage, à Georges
Pérec ». C. Rochefort, *Ma vie revue et corrigée par l'auteur.* A partir
d'entretiens avec M. Chavardès. Paris, Stock [1978].)

On soumet aux participants un extrait de *Je me souviens* de
Georges Perec, sans donner d'indications sur l'auteur. Identifier les
souvenirs et formuler des hypothèses sur le sexe, l'âge, l'appartenance sociale et géographique de l'auteur.

Les propositions n°s 51, 52, 60, 61, 72, 73, 76, 90 conduisent à
penser que l'auteur est Parisien, connaît le Ve arrondissement. Les
propositions n°s 45, 54, 64, 67, 77, 93, 94 renvoient à l'enfance, le
temps du lycée. Les propositions n°s 47, 49, 50, 53, 57, 59, 62, 63, 73,
79, 85, 87, 89 situent ces souvenirs dans les années 1950 et 1960. Etc.

Après avoir brossé le profil de l'auteur, découvrir les règles
d'écriture qui caractérisent ces souvenirs (début identique, propositions brèves, absence de dates, souvenirs personnels, souvenirs en
relation avec les faits politiques et les faits divers, etc.).

Après ce travail de découverte, l'essentiel de l'exercice consiste à
produire des souvenirs, conformément aux règles inventoriées. Ce
travail d'écriture est à placer sous le signe du plaisir : plaisir à
communiquer ce que l'on a vécu, plaisir de partir à la recherche du
temps perdu, plaisir de découvrir quelques éléments de son identité.

L'exercice ne doit pas s'arrêter aux retrouvailles avec un passé chargé d'affectivité. Il doit s'accompagner de notes dont la fonction est d'expliquer à un lecteur français les connotations présentes dans ces souvenirs. Ce travail explicatif n'est pas forcément individuel, il peut être mis au point par l'ensemble de la classe. On peut alors concrètement vérifier ce qui relève du vécu individuel de chaque participant et ce qui relève d'un vécu partagé par les élèves de la classe.

Exemple recueilli auprès d'une Autrichienne

Je me souviens des vieux trams de Vienne, à plate-forme ouverte, dont les roues donnaient l'impression d'être carrées, tellement on était secoué.

Je me souviens de « Gonna take a sentimental journey » [1].

Je me souviens d'un jeu d'enfants appelé « Petit navire, puis-je demander quelle couleur faut-il porter ? » [2].

Je me souviens d'une boisson gazeuse appelée « Kracherl » [3].

Je me souviens de Benjamino Gigli [4].

Je me souviens des PX-shops [5].

Je me souviens que « Hörst Du mein heimliches Rufen » (« Tu entends mes appels secrets ! ») n'est pas de Schubert.

Je me souviens que les aigles posés par Napoléon Ier sur les colonnes devant Schönbrunn étaient considérés comme une attraction touristique de tout premier ordre pour chaque Français [6].

Je me souviens des « Maronibrater » [7].

Notes :

1. Chanson américaine très populaire après la Deuxième Guerre mondiale, importée par les occupants américains.

2. Jeu de petites filles surtout. Il y avait deux rangées d'enfants qui s'opposaient. Au milieu, un espace libre où se trouvait un enfant. Il fallait poser la question citée à cet enfant qui nommait alors une couleur. Avant de changer de côté il fallait, ou montrer la couleur quelque part sur ses vêtements, ou essayer de ne pas se faire attraper.

3. Boisson aux couleurs criardes, servie dans de grandes bouteilles transparentes, avec des boules en verre sous le bouchon.

4. Chanteur d'opéra, mais aussi d'opérette et de chansons populaires, d'origine italienne, très adulé pendant la guerre.

5. Magasins réservés aux G.I. américains et à leurs familles. On se les représentait comme un paradis inaccessible.

6. C'était du moins ce que pensait Mademoiselle S., de l'Alliance Française et décorée de la Légion d'Honneur.

7. Marchands de marrons, qu'ils font chauffer sur des poêles ronds, aux coins des rues de Vienne, en hiver.

2. DÉMARCHES POUR PUBLICS SPÉCIFIQUES

En didactique des langues, la notion de progression a été surtout illustrée en termes de progression linguistique. Le premier contact avec une culture étrangère constitue un moment particulier où des objectifs spécifiques pour les débutants peuvent être définis. Sans recourir cette fois à des critères de niveau d'étude, nous distinguons deux autres publics qui doivent faire aussi l'objet d'un traitement pédagogique particulier : les élèves dont la culture maternelle est culturellement très éloignée de la culture étrangère, les élèves qui ont un projet à court et à long terme d'immersion dans la culture étrangère.

2.1. Les débutants : initiation à l'approche d'une culture étrangère

La réflexion sur la relation entre langue et civilisation a été amplement développée ces quinze dernières années, insistant sur l'étroite liaison entre les deux domaines dès le début de l'apprentissage [1].

Avec des débutants, l'initiation à la découverte d'une culture étrangère peut se faire à partir du relevé de leurs représentations de la communication, de leurs représentations de l'apprentissage d'une langue, de leurs représentations de la culture étrangère [2].

Au cours du premier volet d'étude (année ou semestre scolaire), **il importe que l'enseignant soit attentif aux représentations que les élèves ont de l'apprentissage d'une langue étrangère [3] pour savoir s'il sera nécessaire de les faire évoluer :** des représentations de l'apprentissage qui valorisent essentiellement l'écrit, la compréhension systématique de tous les mots lus ou

---

1. F. Debyser, *L'Enseignement de la civilisation : le contenu culturel du niveau II* in *Le Français dans le Monde*. Paris, Hachette/Larousse *(juin 1970), n° 73, pp. 6-14*.

D. Coste, *Hypothèses méthodologiques pour le niveau 2* in *Le Français dans le Monde*. Paris, Hachette/Larousse (juin 1970), n° 73, pp. 26 à 38.

L. Porcher, *L'Enseignement de la civilisation en questions* in *Études de Linguistique Appliquée*. Paris, Didier Érudition (juillet-septembre 1982), n° 47, pp. 39 à 41.

G. Mounin, *Sens et place de la civilisation dans l'enseignement des langues* in *Le Français dans le Monde*. Paris, Hachette/Larousse (juin 1970), n° 73, pp. 26 à 38.

2. Parmi les propositions pédagogiques allant dans ce sens, citons :
— Charlirelle, *Behind the words - 6ᵉ*, livre du maître. Paris, O.C.D.L./Hatier (1975), pp. 10 à 13.
— M. Cembalo, G. Régent, Apprentissage de Français en France : évolution, attitudes in Mélanges Pédagogiques. Nancy, C.R.A.P.E.L. (1981), pp. 69 à 82.

3. Par exemple en s'informant des méthodes utilisées dans les autres matières, dans le pays dont les élèves ont une expérience scolaire.

entendus, peuvent être en contradiction avec la méthode utilisée en français langue étrangère. En faisant identifier, à partir d'un document sonore, les différents éléments de la situation de communication[1] ou à partir d'un document écrit, en faisant utiliser la typographie, les illustrations, la mise en pages[2] on peut amener l'élève à une représentation moins naïve de l'apprentissage. Une foule de documents, qui seraient inaccessibles si l'on poursuit une compréhension intégrale, peuvent alors être proposés aux élèves à condition de les leur soumettre avec des objectifs précis, pour y chercher soit une information parmi d'autres, soit les éléments d'une compréhension globale.

Cet axe peut sembler a priori bien étranger à une démarche d'initiation à la perception d'une culture étrangère. Mais il contribue à mettre en place une représentation du savoir qui valorise autant la mise en scène d'un contenu que le contenu lui-même, autant le « comment » que le « quoi »[3].

Faire évoluer les représentations de la culture étrangère n'est pas en soi un objectif spécifique pour débutants. Il concerne en fait toutes les étapes de l'apprentissage. Mais il importe de reconnaître que les débutants ont, avant même que l'apprentissage de la langue ait débuté, des savoirs sur la culture étrangère. Savoirs imprécis, réduits le plus souvent à quelques stéréotypes[4] construits au hasard des contacts avec les médias, au hasard des expériences personnelles de chacun. Un travail sur les stéréotypes avec des débutants peut avoir un triple objectif :

— **identifier les représentations de la France et des pays francophones** que les élèves ont au début de leur apprentissage. Cette « photographie » pourra servir d'étalon pour une évaluation dans les étapes ultérieures de l'apprentissage ;

---

1. J.-L. Malandain, *Soixante minutes, soixante voix, soixante exercices,* livret de transcription, livret d'exercices, 2 cassettes, Paris, B.E.L.C. (1984 et 1985).
2. S. Moirand, *Les Textes sont aussi des images…* in *Le Français dans le Monde.* Paris, Hachette/Larousse, n° 137, pp. 38 à 52.
   S. Moirand, *Apprendre à communiquer.* Paris, Hachette (1983), collection « F ».
   D. Coste, *Lire le sens* in *Le Français dans le Monde.* Paris, Hachette/Larousse (décembre 1974), n° 109, pp. 40-44.
   M. Dupart, D. Lorrot, L. Porcher, *Le Discours de presse : sens explicités, sens suggérés* in *Études de Linguistique Appliquée.* Paris, Didier Érudition (avril-juin 1975), n° 18, pp. 22-58.
   F. Richaudeau, M. Gauquelin, E. Gauquelin, *Méthode de lecture rapide.* Paris, Retz/C.E.P.L. (1977), réédition.
3. On touche ici à ce qui peut relever d'une évaluation « diagnostic » (détecter si un élève possède ou non les aptitudes nécessaires pour suivre un enseignement donné).
4. Cf. chapitre 2 : 3.2. Représentations stéréotypées du monde : images de l'ailleurs.

QUELLES DÉMARCHES ?

— relativiser ces savoirs sommaires, **confronter ces représenta-tions de la France à d'autres visions stéréotypées de la France** en vigueur dans différents pays ;
— **recenser les représentations du pays de l'élève qui fonctionnent en France** (à partir de catalogues touristiques, publicités, coupures de presse)[1].

Parallèlement à ces démarches d'analyse, il est important, dans la mesure où le contexte institutionnel le permet, que des démarches d'autonomie soient encouragées dès le premier niveau d'apprentissage. On peut en effet inviter les élèves à faire une **enquête sur la présence de la France dans leur environnement :** noms de rues, noms à consonance française dans les annuaires téléphoniques, marques dans les magasins, programmes de radio, de télévision, de cinéma, revues de presse, autant d'objets qui permettent de mettre en relation le contexte étranger et le contexte maternel. Sauf pour les lieux particulièrement riches d'indices, ce type d'enquête débouche la plupart du temps sur un nombre restreint de traces : Dior ou Lanvin, Renault ou Citroën, etc. Le champ restreint des informations recueillies peut être comparé à la gamme des représentations dominantes dans la classe. L'intérêt de la démarche est surtout de mettre les élèves en situation active de recherches d'informations, une démarche à prolonger systématiquement pour les inviter à la constitution d'un répertoire de références[2].

Pour repousser au plus loin la rupture entre l'école et le réel, **utiliser l'expérience personnelle des élèves.** Lorsque des élèves ont eu l'occasion d'un contact avec l'étranger, leur expérience peut aider à mettre en perspective tel ou tel fait culturel. Penser à ceux qui :
— ont déjà abordé l'étude d'une autre langue et qui ont donc une expérience scolaire d'une autre culture étrangère ;
— bilingues, peuvent avoir une expérience non scolaire de la différence culturelle ;
— ont fait un séjour de longue durée hors de leur pays maternel (même s'il ne s'agit pas d'un pays francophone) ;
— ont bénéficié d'un contact à l'étranger à travers une relation (camarade d'une autre nationalité, d'une autre classe sociale différente, parent vivant à l'étranger de façon ponctuelle ou durable) ;
— ont bénéficié d'un contact à l'étranger à travers une relation de groupe (séjour linguistique, correspondance scolaire).

---

1. Certains pays ont une image très présente en France, d'autres un indice de présence beaucoup plus faible : on peut alors élargir l'analyse aux pays voisins ou au continent auquel ce pays appartient.
2. Cf. dans ce même chapitre : 3. Quels objectifs ? Quelle évaluation ? (1er exemple).

SENSIBILISATION
À LA RELATIVITÉ CULTURELLE :
LEÇON ZÉRO [1]

A. Public

Cette leçon zéro s'adresse à un public de débutants adultes néerlandais qui apprennent le français, ayant pour projet de faire du tourisme en France.

B. Objectif

Relativiser le vécu et l'image que les apprenants ont de la réalité française. L'objet *fromage,* apparemment semblable en France et aux Pays-Bas, donne lieu à des pratiques culturelles différentes. Il n'est ici qu'un prétexte pour sensibiliser le public au fait que les implicites culturels du contexte maternel ne sont pas forcément exportables.

N.B. Pour la diffusion de ce document les questions sont rédigées en français, mais elles sont, bien évidemment, données en néerlandais au public. Les termes français du document A sont remplacés par des illustrations découpées dans des revues.

Exercice d'association (document A)

On présente aux élèves un collage montrant les associations que peut susciter l'objet *fromage* dans ses différents modes de consommation pour certaines catégories de Français : vin, pain, beurre... Les élèves sont appelés à recenser les images suscitées par la consommation du fromage chez eux (lait, gingembre, genièvre, moutarde...).

Exercice de synthèse (document B)

Quand et comment consomme-t-on le fromage en France ?

A partir des associations dégagées par le collage de l'exercice précédent, on essaie de mettre à jour quelques règles de consommation qui peuvent être systématisées sous forme d'une grille. Dans un deuxième temps, les élèves seront invités à mettre au point une grille rendant compte de leurs propres pratiques.

Comparaison de savoir-faire (document C)

Faire trouver, si possible, un répondant aux pratiques néerlandaises suivantes : rabot à fromage, morceaux débités en lamelles, fromage fait, pas fait, étuvé. Faire de même pour les pratiques françaises : plateau, fromage blanc, fromage frais, raclette.

Analyse d'une pratique néerlandaise : « La soirée française »

A travers cette manifestation très répandue en Hollande, faire dégager ce qu'il y a d'emprunté au vécu français et réfléchir sur ce qui a été détourné.

---

1. Extrait du dossier mis au point par D. van Zundert dans le cadre du module « Civilisation » du stage B.E.L.C. (juillet 1982).

DOCUMENT A

Pour certaines catégories de Français, l'objet *fromage* suscite des associations :

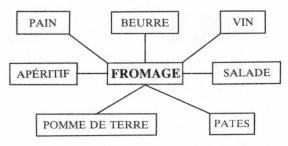

Quelles associations suscite la consommation du fromage dans votre pays ?

DOCUMENT B

Voici les moments auxquels et les façons dont on consomme le fromage en France :

Occasions / Façon	Petit déjeuner	Casse-croûte	Apéritif	Déjeuner - Lunch				Goûter	Apéritif	Dîner			
				Entrée	Plat principal	Fromage	Dessert			Entrée	Plat principal	Fromage	Dessert
Froid	X	X	X			X	X	X	X			X	X
Chaud				X	X					X	X		
Salé	X	X	X	X	X	X		X	X	X	X	X	
Sucré	X						X	X					X

Élaborez une grille qui mette à jour vos propres pratiques.

DOCUMENT C

Trouvez, si possible, un équivalent français ou néerlandais aux pratiques suivantes :

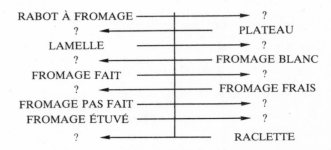

Quand nous parlons de symboles culturels susceptibles d'apparaître souvent à l'image, nous avons en vue une vaste catégorie de faits sémiologiques, qui va depuis des significations fort « littérales » jusqu'à des constructions hautement connotées et dépourvues de toute innocence. Dans le premier cas, il faudra notamment mettre l'élève à même de repérer des *images-types* qu'un citoyen de la société industrielle ne saurait ignorer sans être brutalement déclassé (= problème de la démocratisation de l'enseignement) ; ainsi, il faut être capable de reconnaître, quand l'image les montre, l'entrée du port de New York (statue de la Liberté), l'aspect moyen des rues d'une medinah arabe (= les distinguer immédiatement, dès perception, d'une rue de Hong-Kong), les billets de 1 dollar (dans les Westerns), la physionomie de Lénine ou de Trotsky (films soviétiques), etc. Il y a là tout un petit *savoir iconique* — en fait, un savoir culturel — qui est entièrement affaire d'apprentissage, et qui classe comme ignorant celui qui ne l'a pas reçu : l'école, actuellement, ne le dispense pas, de sorte que seuls les « héritiers » (au sens de Bourdieu-Passeron) le détiennent.

Pour ce qui est des figures de connotation, l'enseignement aura également un aspect libérateur, sans qu'il soit pour cela besoin de quelque prêche, mais par le simple fait de l'accélération qu'il provoquera dans la mobilité sociale des informations les plus « simples » (informations qui, pour l'élève issu d'un milieu peu scolarisé, sont en réalité infiniment difficiles à acquérir, car nulle part disponibles autour de lui, et *jamais impliquées dans les conversations quotidiennes* qu'il entend). Ainsi, il suffira de faire remarquer à l'élève que, si l'Italien des films est presque toujours brun, un certain nombre d'Italiens d'Italie sont blonds, pour que l'emprise aveugle des *stéréotypes ethniques* — générateurs infaillibles de racisme « populaire » — commence déjà, si peu que ce soit, à être ébranlée dans son esprit (et d'autres exemples pourront amplifier le mouvement ainsi amorcé) : c'est aussi cela, « *former* » les jeunes ; car si on veut leur donner leurs chances dans la vie socio-professionnelle, il importe entre autres choses qu'ils apprennent à s'abstenir, lorsqu'ils ouvrent la bouche, de ces faussetés banales et aphoristiques qui les écartent d'emblée de la société des milieux instruits, les rejetant par là, en un redoutable cercle vicieux, dans la masse sous-scolarisée où ces formules seront à nouveau les seules qu'ils entendront. — De la même façon, il suffira de montrer que, dans les films français de consommation courante, la voiture du héros est très souvent une D. S. (alors que ce modèle est sensiblement moins répandu parmi les automobilistes non filmiques), pour que l'élève *commence* à entrevoir la nature et la fonction de ces stéréotypes aliénants et retors dont la somme aboutit, dans la production iconique de série, à présenter au spectateur une image délibérément faussée de la réalité socio-économique, destinée à désamorcer la revendication et à l'endormir dans une « participation » imaginairement gratifiante.

Plus généralement, une étude systématique des *connotations culturelles de l'image*, menée à partir d'exemples très concrets et parfaitement accessibles à de jeunes esprits, est fort capable de déniaiser l'enfant, de desserrer autour de lui l'emprise des idéologies et des rhétoriques régnantes. Et dans le moment même où on lui enseigne à faire la différence entre la fidélité de l'image à l'objet et sa fidélité à la réalité — la première, largement automatique; la seconde, jamais acquise et, lors même qu'elle existe, toujours conquise —, dans le moment même où on lui enseigne que l'image peut être analogique sans être innocente —, on lui aura de surcroît inculqué des rudiments de sémiologie iconique : ainsi la théorie de la connotation, simplement présentée, à ce niveau, comme l'intervention d'un deuxième système signifiant superposé à un sens premier.

C. Metz, *Images et pédagogie* in *Essais sur la signification du cinéma*. Paris, Klincksieck (1972), tome 2, pp. 146-147.

Note : Quinze ans après la parution de ce texte, les exemples donnés sont périmés (la D.S. n'est plus en matière d'automobile le symbole du prestige). La diffusion des *images types* a été considérablement accélérée, dans certains contextes, par les médias. La portée pédagogique de ce texte reste cependant d'intérêt.

Même avec des débutants, on peut chercher à objectiver la relation culture maternelle / culture étrangère. En prenant un objet culturel commun aux deux cultures, on peut s'interroger sur les implicites qui lui sont propres dans l'un et l'autre contexte (cf. fiche) et analyser les différences même si ce dernier travail se fait en utilisant la langue maternelle.

Avec des débutants, la règle d'or consisterait à ne pas penser les élèves comme des coques vides à remplir mais, dans un mouvement dialectique, à reconnaître que des savoirs intervenant dans la perception d'une culture étrangère sont déjà acquis tout en faisant découvrir la précarité de certaines de ces connaissances. Il convient dans tous les cas de ne pas associer absence de compétence linguistique et virginité culturelle. Par certains aspects — comme le montre le texte de C. Metz — la sensibilisation à la découverte d'une culture étrangère peut atteindre très rapidement un bon degré de réflexion critique indépendamment de performances linguistiques élevées, si le support pédagogique est adéquat. La règle qui consiste à ne parler que français dans le cours de français a ses vertus. Elle a aussi ses limites lorsqu'elle contraint l'élève à bredouiller des propos mutilés. Le **recours à la langue maternelle,** lorsqu'il est possible, ne peut être banni de la classe de langue étrangère s'il permet une analyse nourrie et nuancée.

2.2. Cultures éloignées : apprendre à penser l'impensable

L'exemple qui vient d'être donné dans la fiche précédente montre que la proximité géographique ne garantit en aucun cas la ressemblance culturelle si les faits sont abordés au niveau des significations implicites qu'ils véhiculent. Il est donc bien délicat de donner une définition rigoureuse de ce qui peut plus ou moins séparer deux cultures.

Mais force est de reconnaître que l'appartenance à des aires politiques différentes (bloc Ouest / bloc Est, régime autoritaire / régime démocratique), à des références économiques distinctes (Occident / Tiers Monde, économie capitaliste / économie marxiste), à des religions différentes creuse d'importantes ruptures dans le passage de la culture maternelle à la culture étrangère. Ces différences — souvent escamotées dans le matériel pédagogique — peuvent générer de fortes attitudes de séduction ou de violents courants de rejet.

A condition d'avoir un contexte institutionnel qui l'autorise, il importe d'aborder en classe le délicat problème des **tabous.** Mettre en mots ce qui d'ordinaire doit impérativement rester implicite peut être toléré si la classe est le lieu où s'explicite l'implicite. Suggérons ici quelques étapes qui rendent possible la sensibilisation au rôle social joué par le tabou.

On peut aborder avec les élèves les sujets qui peuvent être tabous pour certaines fractions de la population française (la mort, l'hygiène, la sexualité) et qui ne le sont pas dans la culture des élèves. Des documents mettant en scène des « ruptures »[1] peuvent dévoiler l'existence de cette loi du silence.

On peut aborder les tabous dans **une dimension diachronique,** d'abord dans la culture étrangère, ensuite dans la culture maternelle. Il importe de montrer que des usages perçus comme universels par les élèves n'ont pas toujours été ainsi interprétés selon les époques, y compris pour ce qui relève, dans leur quotidien, de l'évidence[2]. La conformité évolue, qu'il s'agisse de sexualité ou d'hygiène. Dans la société française traditionnelle, les « chemises à trou » avaient cours dans certains milieux berrichons du siècle précédent : « confectionnées dans les couvents par les jeunes filles pour leur trousseau de mariage ; autour du trou, une inscription soulignait la résignation : « Ave Maria » ou « Dieu le veut » [...] ; le port de la chemise transforme l'acte sexuel de jouissance en obligation[3]. » Les lieux d'aisance appartiennent à l'impensé du XVIIe siècle français comme en témoigne ce passage qui appartient lui-même à « l'impensable » de nos guides touristiques contemporains :

« Le parc [de Versailles], les jardins, le château même font soulever le cœur par leurs mauvaises odeurs. Les passages de communication, les cours des bâtiments en ailes, les corridors sont remplis d'urines et de matières fécales : il semblerait qu'on aurait abandonné le château, les jardins, les promenades et la ville à l'indiscrétion des soldats et de la plus vile populace qui y

1. Cf. chapitre 3 : 3.2. La rupture.
2. Cf. chapitre 1 : 2.1. L'évidence partagée, et chapitre 2 : 1.2. La Nouvelle Histoire et la classe de langue.
3. F. Loux, *Le corps dans la société traditionnelle.* Paris, Berger-Levrault (1979), « Espace des hommes ».

font impunément et sans pudeur leurs ordures devant les passants[1]. »

Ces exemples ne servent pas pour leur seul « piquant ». Ils sont contextualisés dans le temps, dans un espace géographique, dans un espace social déterminé et peuvent être ainsi relativisés. D'autres exemples empruntés à la culture de l'élève permettent de poursuivre la démarche. Mais ce type de connaissances relève souvent de « l'impensé » de la formation des enseignants de langue.

Lorsque culture étrangère et culture maternelle appartiennent à des aires économiques, politiques ou religieuses différentes, **la dimension francophone** a un rôle à jouer en permettant d'installer la pratique de la langue française au milieu d'une grande diversité de valeurs culturelles. Il peut parfois[2] être opératoire de s'appuyer, avec un public de débutants, sur des pratiques culturelles francophones qui ont un degré de parenté culturelle avec leur contexte maternel. Cette fois, c'est le handicap des informations et des documents (conséquence des flux culturels sur le plan international) qui est à vaincre. Certaines institutions s'attachent à valoriser l'ensemble des cultures francophones hors de France[3]. Un travail important de sensibilisation vis-à-vis des auteurs de manuels de français langue étrangère est à faire sur le plan de la description ethnologique de ces réalités francophones hors de France[4].

Dans la relation entre cultures éloignées, c'est l'idée même d'impensé qui doit être au centre du travail pédagogique : rendre admissible que la convenance sociale puisse se définir selon des critères inexistants dans la grille de références culturelles de l'élève.

2.3 La préparation à l'immersion[5]

Tout déplacement engage le voyageur dans l'observation d'un quotidien qui ne lui est pas familier. Quelles sont les stratégies individuelles de découverte lorsqu'on est directement confronté à

---

1. Turmeau de la Morandière, *Police sur les mendiants,* 1764, cité par R.H. Guerrand, *Les lieux. Histoire des commodités.* Paris, Éditions La Découverte (1985), p. 58.
2. Pour un public ayant eu peu d'occasions de se frotter à la diversité culturelle par exemple, enfants de milieu rural, peu soumis à l'influence des médias.
3. Sous la direction de A. Reboullet, M. Tétu, *Guide culturel. Civilisations et littératures d'expression française.* Paris, Hachette (1977), collection « F ».
Littératures de langue française hors de France. Anthologie didactique. Sèvres, F.I.P.F. (1976). Diffusion Éditions Duculot.
4. Citons, à titre d'exemple, le recueil d'articles suivant : *Abidjan au coin de la rue. Éléments de la vie citadine dans la métropole ivoirienne.* Paris, O.R.S.T.O.M., 1983, P. Maeringer, éditeur scientifique.
5. Cette partie reprend et réaménage certaines réflexions présentées dans :
G. Zarate, *Notes sur le Regard touristique* in *Anthobelc 7.* Paris, B.E.L.C. (février 1984), pp. 181-185.
M. Arruda, G. Zarate, D. van Zundert, *Quels touristes sommes-nous ?* in *Le Français dans le Monde.* Paris, Hachette/Larousse (octobre 1984), n° 188, pp. 101-102.

un espace inconnu, à des repères inhabituels, à un mode de vie modifié ? Comment s'approprie-t-on l'inconnu ? Quelles sont les représentations du savoir nécessaire qui fonctionnent au contact d'un contexte non familier ?

Que l'on soit touriste de passage en France, participant à un échange scolaire ou professionnel ayant un projet d'immersion de moyenne ou longue durée, voilà des interrogations autour desquelles peut se construire la préparation à une immersion en culture étrangère.

Le **guide de voyage** est l'un de ces outils dont la présence est si sécurisante qu'elle est souvent perçue comme indispensable : il garantit la connaissance de l'essentiel, désigne le rare, l'unique, l'excellent, livre le mode d'emploi de l'inconnu. C'est à ce titre qu'il peut faire l'objet d'un examen en classe. Comparer en classe les guides produits localement sur la France et sur les pays francophones permet de faire relever aux élèves une gamme de comportements possibles dans l'appréhension de l'étranger. Les guides touristiques « renvoient à cette façon que tout voyageur a peu ou prou (et qui elle aussi est en perpétuelle évolution) de voir le monde selon ce qu'il attend de lui, ce qu'il suggère en tirer : le guide de voyage est un reflet fidèle de notre mode de consommation de l'étranger [1] ».

On peut ainsi dégager plusieurs **procédés qui conduisent à une vision normative de la réalité étrangère.**

Pour reprendre l'étude ancienne mais toujours pertinente de R. Barthes sur le *Guide Bleu* [2], certains guides de voyage s'appuient sur « un système numérable et appropriatif en sorte que l'on puisse à tout moment comptabiliser l'ineffable ». Lorsque le projet s'applique à décrire les habitants du pays, « les hommes n'existent que comme « type ». En Espagne, par exemple, le Basque est un marin aventurier, le Levantin un gai jardinier, le Catalan un habile commerçant et le Cantabre un montagnard sentimental [3]. L'aventure du voyage se trouve résumée à une **opération de classement.** Chaque curiosité, chaque élément à visiter est étalonné en fonction de son degré de prestige et d'authenticité. Monuments, hommes, paysages sont évalués à la même aune culturelle.

Autre procédé, celui qui consiste à placer monuments et sites touristiques hors des contingences du temps contemporain et à leur donner ainsi, comme le dit P. Bourdieu à propos des œuvres d'art exposées dans les musées, « une signification sociale qui fait de la visite une véritable obligation [4] ». L'insertion dans le guide

1. J.-F. Hirsch, *Du pèlerin au routard* in *Les Temps Modernes*. Paris (1981), n° 416, p. 1 613.
2. R. Barthes, *Mythologies*. Paris, Seuil (1957), « Points », pp. 121-125.
3. *Op. cit.*, p. 122, à propos du *Guide Bleu* sur l'Espagne.
4. P. Bourdieu. *L'amour de l'art*. Paris, Éditions de Minuit, « Le Sens commun », p. 135.

de voyage produit « un surcroît de valeur qui est conféré aux œuvres par la mise en vue extra-quotidienne et par les manifestations publiques de solennisation [1] ». L'effet d'affluence, les contraintes de la visite (silence, parcours fléché, accès monnayé) désignent **l'objet culturel comme une valeur méritant une reconnaissance unanime.** Le guide de voyage participe à cette opération de consécration en transformant l'objet quotidien en symbole culturel.

Rédigé dans la langue maternelle du voyageur par un de ses compatriotes, édité et acheté dans le pays natal, le guide est alors un objet linguistique et économique qui « maintient le rassérénant contact symbolique avec la mère patrie, en ceci que c'est à travers votre appartenance nationale qu'il vous présente le pays que vous visitez [2] ». **Le guide est en quelque sorte le cordon ombilical qui rend possible la sortie en pays étranger.**

Pour utiliser avec clairvoyance son guide touristique, le voyageur doit en connaître les a priori : le guide de voyage renvoie à une gestion rationnelle de l'espace et du temps. Il stigmatise la rencontre aléatoire, la déambulation sans but, dramatise l'égarement. A travers le guide se trouve écartée l'acquisition des connaissances **sur le mode des essais et des erreurs,** des tâtonnements, des approximation du sens. Le guide propose un regard extérieur à l'objet qu'il décrit, faisant en général l'économie d'une découverte impliquant personnellement le touriste. Or, cette confrontation personnelle avec la réalité étrangère n'est-elle pas essentielle ?

S'il est exclu d'interdire l'usage du guide touristique, la classe de langue peut être à la fois le lieu où l'on apprend à relativiser la pertinence de ce type d'outil et à valoriser une pratique personnelle de la découverte, la constitution d'une expérience non livresque et la confrontation directe avec le risque et l'imprévu [3].

C'est ainsi que les **expériences antérieures de voyage** peuvent être abordées en classe à travers les objets recueillis au cours du séjour (souvenirs, cartes postales, photos...) [4], à travers le témoignage de ceux qui ont voyagé et sont maintenant de retour (recours aux anciens boursiers pour participer à la préparation de ceux qui sont en instance de départ).

---

1. P. Bourdieu, *op. cit.,* p. 135.
2. J.-F. Hirsch, *op. cit.* (1981), p. 1611.
3. Sur la façon de recueillir et d'évaluer cette expérience, voir plus loin : Quels objectifs ? Quelle évaluation ? (2e exemple).
4. Sur l'exploitation de ces documents, cf. M. Arruda, G. Zarate, D. van Zundert, *Le Regard touristique.* Paris, B.E.L.C. (1985), livrets enseignant et élève.

LA COMPÉTENCE CULTURELLE DANS LA CLASSE
DE LANGUE : FORMULATION D'OBJECTIFS[1]

L'élève doit savoir :

à la fin d'un premier palier,

— utiliser des procédures de compréhension globale de textes écrits et oraux à partir de documents authentiques contemporains ;
— identifier et utiliser les différentes sources d'information sur le contexte français et francophone disponibles localement (presse, associations, entreprises, radios...) ;
— identifier les stéréotypes et les représentations de la France et des autres pays francophones qui dominent localement dans différents secteurs (presse, politique, tourisme, milieux économiques, population francophone résidant localement...) ;
— identifier les stéréotypes et les représentations de son pays qui dominent en France et dans d'autres pays francophones.

à la fin d'un second palier,

— se ménager un contact personnel avec un ou plusieurs francophones ;
— contextualiser une référence
(Exemple : mettre en relation une opinion avec le média qui la porte, avec la position de dominant ou de dominé socialement de celui qui l'énonce, avec l'époque historique à laquelle elle se rapporte.) ;
— reconstituer des réseaux de références alors que ces références sont situées dans des contextes différents ;
— mesurer la représentativité d'une situation particulière ;
— expliquer des faits propres à sa culture maternelle à un francophone ;
— maîtriser l'usage de références géographiques, historiques, économiques, politiques propres à la culture étrangère, qui sont les plus fréquentes dans la relation culture maternelle/culture étrangère.

à la fin d'un troisième palier,

— se créer les conditions d'un séjour de courte ou moyenne durée en milieu francophone et analyser les conditions de son immersion ;
— mettre en relation des références et un contexte très précis (génération, personnage public...)
(Exemple : identifier le caractère périmé d'un document.) ;
— identifier les sources de dysfonctionnement entre la culture étrangère et la culture de l'élève (valeurs morales, tabous...) ; savoir les expliquer à un francophone et à un membre de sa culture.

---

1. Ce tableau a pour but de réintroduire dans notre réflexion la notion de progression qui, jusqu'à ces pages, est peu présente. On veillera, en l'utilisant, à ne pas l'isoler des chapitres précédents dont il est une forme de « récapitulation ».

3. QUELS OBJECTIFS ?
QUELLE ÉVALUATION ?

Dans le domaine de l'évaluation de la compétence culturelle où les recherches sont plutôt rares[1], on voudra bien lire ces propositions comme une contribution au défrichage de ce domaine. Si la fiche précédente résume et ordonne un certain nombre des propositions de travail faites, elles doit être utilisée avec précaution. En effet, cet éventail d'objectifs est établi indépendamment des finalités annoncées explicitement ou implicitement par le système éducatif dans lequel se situe une classe de langue donnée. A chaque lecteur de mettre en relation ces objectifs et le **contexte institutionnel** précis qui est le sien.

L'absence ou la présence de certains objectifs mérite quelques explications. A l'exception du premier palier, les apprentissages du type linguistique ne sont pas mentionnés : il ne faut pas en déduire que langue et civilisation sont considérées comme deux domaines indépendants. C'est l'occasion de réaffirmer notre solidarité avec ce que L. Porcher appelle un « principe épistémologique fondamental » :

« La langue est tout entière marquée de civilisation, d'une part parce qu'elle est un produit socio-historique et d'autre part dans la mesure où elle est toujours d'abord une pratique sociale. Réciproquement, aucun trait de civilisation n'existe indépendamment de la langue[2]. »

Cette affirmation n'est pas contradictoire avec la formulation d'objectifs propres au passage d'une culture à l'autre dans la classe de langue. Le cours de civilisation est, dans certains contextes, conçu comme un ensemble pédagogique non articulé

---

1. Signalons sur ce point :
N. Brooks, *The Analysis of Foreign and familiar cultures* in *The Culture Revolution, op. cit.*, 1976, pp. 19-31.
M.-A. Cooke, *A pair of Instruments for measuring Student Attitudes Toward' bearers of the target culture* in *Foreign Language Annals*, n° 11, 1978, pp. 149-163.
R.-C. Lafayette, R. Schulz, *Evaluating Cultural Learnings* in *The Culture Revolution, Foreign Language Teaching*. National Texbook Co., 1976, pp. 104 à 118.
F.-B. Nostrand, H.-L. Nostrand, *Testing Understanding of the Foreign Culture* in *Perspectives for Teachers of Latin American Culture*. Springfield, Office of Public Instruction, 1970.
L. Porcher, *L'Enseignement de la civilisation en question* in *Études de Linguistique Appliquée*. Paris, Didier Érudition (juillet-septembre 1982), n° 47, pp. 39 à 49.
H.-N. Seelye, *Teaching Culture-Strategies for Foreign Language Educators.* Skokie, National Texbook Co., 1974.
J.-A. Upshur, *Cross Cultural Testing: What to test in Language Learning*, n° 16, pp. 183-196.
2. L. Porcher, *op. cit.* (1982), p. 40.

avec le cours de langue. La fiche précédente n'a pas pour but de valider ce choix institutionnel, elle peut tout au plus aider l'enseignant à y faire face.

Le contact des francophones ou l'immersion de courte ou moyenne durée peuvent sembler être des objectifs relevant de l'utopie dans certains contextes défavorables (coût économique), ou d'une éducation au service d'une seule élite fortunée. Notre intention est, dans les faits, opposée :

— D'une part, alors que le séjour en France est souvent perçu comme *le* voyage initiatique par excellence, il s'agit de souligner que **d'autres formes de contact moins contraignantes sur le plan économique sont aussi d'une grande pertinence :** contacts avec la communauté francophone installée localement, séjours dans un pays entièrement ou partiellement francophone proche du pays de l'élève. C'est à ce prix que les cultures francophones peuvent être reconnues dans leur diversité.

— D'autre part, poser explicitement la nécessité d'un contact direct avec le milieu francophone pendant l'apprentissage du français, c'est se donner les moyens pour que ce besoin soit officiellement reconnu et pris en charge par l'instance éducative, notamment au niveau de la formation des enseignants eux-mêmes.

Si l'on reprend la définition de B. Petitjean de l'évaluation : «Évaluer, c'est apprécier le degré de réussite d'un apprentissage en le rapportant à une norme fixée au préalable en instaurant la possibilité d'une comparaison des performances d'un apprenant à l'autre, au sein d'un même niveau d'enseignement[1]», la difficulté majeure est de trouver les instruments de mesure adéquats pour juger la compétence culturelle en langue étrangère.

Un premier type de réponse consiste à évaluer la connaissance de savoirs culturels facilement mesurables soit parce qu'ils se réfèrent à une **description quantifiée de la réalité étrangère** (par exemple : quels sont les cinq plus grands tirages de la presse française, quel est le taux de chômage pour une année donnée ?), soit parce que les réponses se situent dans la **logique du vrai et du faux** (par exemple : quelles sont les activités pour lesquelles un personnage donné est célèbre, quelle est la date à laquelle un événement donné s'est produit ?).

Ce type d'évaluation permet, certes, de mesurer la connaissance d'un certain nombre de références culturelles, mais avec les **limites** suivantes :

— Les premières sont propres au système d'évaluation lui-même. Située en fin d'apprentissage, associée à une prise de décision et à une sélection (accès à la classe supérieure), cette

---

1. B. Petitjean, *Formes et fonctions et différents types d'évaluation* in *Pratiques*. Metz (décembre 1984), n° 44 : *L'Évaluation*, p. 5.

évaluation de type sommatif est assumée par l'enseignant et contrôle essentiellement l'acquisition de contenus. Elle n'intervient pas dans le procès d'apprentissage mais certifie que celui-ci a été correctement mené à bien. Certaines capacités de l'élève ne se trouvent pas, de ce fait sollicitées :

« L'échec ou la réussite d'un élève dépend dans la plupart des cas de sa position dans la distribution des notes, plutôt que de sa capacité à agir ou à créer. [...] L'élève contrôlé seulement à la fin d'une période d'enseignement n'a guère pu développer sa capacité d'auto-évaluation n'ayant pas été préparé à cet exercice [1]. »

C'est, dans ce cas, surtout l'habilité à évoluer à l'intérieur du système scolaire qui se trouve prioritairement évaluée.

— Un second type de limites tient au mode de description d'une culture étrangère qui se trouve induit. Ce mode d'évaluation privilégie une représentation de la culture étrangère en forme de listes de connaissances, de savoirs définitifs [2], alors que nous avons mis l'accent, dans une définition de la compétence culturelle, sur la capacité de l'élève à s'adapter aux contextes inconnus de la culture étrangère [3]. Enfin, l'interprétation des faits sociaux dans la communication repose davantage sur une logique du plus ou moins probable que sur une opposition vrai/faux [4].

Un second type d'évaluation — **l'évaluation formative** — doit donc également intervenir pour corriger les effets réducteurs de l'évaluation sommative. A la différence de l'évaluation sommative, l'évaluation formative intervient pendant l'apprentissage. Elle n'est pas assumée exclusivement par l'enseignant mais d'autres partenaires peuvent être conviés : des francophones, des natifs du pays de l'élève qui auraient l'expérience d'un séjour en milieu francophone par exemple, et bien sûr l'élève lui-même : « Rendre l'élève *acteur* de son apprentissage [5]. » Ceci implique que les objectifs de l'apprentissage et que les critères d'évaluation soient explicites pour les partenaires engagés.

Voici deux exemples qui permettent d'illustrer le rôle que l'évaluation formative peut jouer dans l'apprentissage d'une compétence culturelle.

1ᵉʳ exemple

Objectif : apprendre à contextualiser une référence.

Tâches confiées à une équipe d'élèves :
— faire une revue de presse hebdomadaire des informations parues sur la France et le monde francophone dans la presse locale (et lorsque c'est possible dans un journal en français) ;

---

1. E. Viallet, P. Maisonneuve, *80 fiches d'évaluation pour la formation et l'enseignement.* Paris, Les Éditions d'Organisation (1981).
2. Cf. chapitre 3 : 3.1.1. Guides et précis : les limites de ces documents.
3. Cf. chapitre 3 : 3.1.2. L'expérience personnelle mise en récit.
4. Cf. chapitre 2 : 5. L'interprétation du monde social.
5. B. Petitjean, *op. cit.* (1984), p. 9.

— tenir à jour un fichier des références présentes dans les documents authentiques étudiés (exemple de fiches portant sur des noms propres : Côte d'Azur, Mitterrand, Citroën, Lorraine ; exemple de fiches portant sur des noms communs : émigrés, HLM).

Critères d'évaluations :
— les explications sont-elles compréhensibles pour les élèves qui n'ont pas participé à la réalisation de la tâche ?
— l'analyse de l'information tient-elle compte de la source d'où elle provient ?
— quelle est la diversité des sources obtenue pour une même référence ? (ne pas tenir compte seulement du nombre des sources mais aussi de leur diversité en nature) ;
— les références éparpillées dans des contextes différents mais se rapportant aux mêmes systèmes de valeurs sont-elles associées ? (par exemple, ne pas confondre : Lorraine → De Gaulle et la croix de Lorraine, Lorraine → crise de la sidérurgie).

2ᵉ exemple

Objectif : analyser les conditions d'un séjour en immersion.
Tâche : tenir un journal de bord personnel.
Critères d'évaluation :
— quels sont les indices d'une autonomie en matière de déplacement, logement, nourriture ?
— les contacts sont-ils plus poussés (fréquence, style de relation) avec les gens du pays de l'élève également en séjour, ou avec les autochtones ?
— a quel type d'informateurs a-t-on recours ? informateurs institutionnels (livres, centres d'informations, visites guidées...) ?, informateurs informels (personnes bénévoles, amis) ?
— quelle est la variété sociologique des informateurs rencontrés ?

Intervenant comme régulateur pendant le déroulement de l'apprentissage, l'évaluation formative encourage l'élève à diagnostiquer lui-même les situations d'échec, à reconnaître les situations maîtrisées et donc à développer ses capacités d'autonomie et d'initiative. Des capacités sans nul doute nécessaires lorsqu'il s'agit de juguler la timidité suscitée par le contact direct avec une réalité culturelle étrangère.

Mais l'évaluation formative n'écarte pas systématiquement l'enseignant du processus d'évaluation. **Il doit être présent pour apprécier (seul ou avec d'autres partenaires) le degré de possibilité de telle ou telle interprétation et pour écarter les interprétations aberrantes.**

L'évaluation formative n'exclut pas le recours simultané à l'évaluation sommative. Elle est une composante nécessaire de l'acte éducatif lorsque l'enseignant de langue conçoit sa classe comme un lieu de prise de conscience des effets de l'ethnocentrisme, son enseignement comme une démarche initiatique où l'élève apprend à construire une relation objectivée et personnelle avec la culture étrangère.

Conclusion

**Les disciplines scientifiques
dans le champ de la didactique des langues :
enjeux et rapports de force**

Si les enseignants de langues s'accordent à penser, au nom du sens pratique, que l'enseignement de la civilisation est, sauf cas particuliers, une nécessité, cette reconnaissance de fait est liée à une interrogation majeure : quels contenus d'enseignement, quelle spécificité attribuer à « la civilisation » ? Paradoxe que cette place à la fois réservée et vide dans le champ des disciplines.

En fait, le rôle attribué jusqu'alors aux phénomènes culturels en didactique des langues ne peut être dissocié des conditions historiques de production du discours scientifique dans ce domaine : des outils conceptuels, des démarches, des textes de références produits dans des disciplines telles que l'histoire, la sociologie, l'ethnologie ont été objectivement exclus de la réflexion didactique ces dix dernières années alors que, au nom de l'évidence, d'autres disciplines — linguistique structurale, sociolinguistique, pragmatique... — y exercent l'exclusivité de leur point de vue. C'est ce principe même de l'évidence et de l'exclusivité que nous avons voulu ici soumettre à la question.

Aussi cette réflexion ne prend-elle son sens que dans un contexte précis : celui d'un secteur qui, depuis plus d'une décennie, se trouve en position de dominé dans le champ de la didactique des langues. Si ce livre contribue à démontrer la légitimité de ce pan de la didactique, nos propos ne se situent pas dans l'absolu d'une réflexion. Au contraire, comme le souligne Louis Porcher, « la vérité n'est que l'état momentané du savoir, qui se transforme sans cesse par rectification à travers des faits polémiques ; on ne peut donc rien comprendre à une théorie si on ne la restitue pas dans ses conditions d'élaboration [1] ». L'analyse faite ici doit d'abord se lire comme une tentative pour ouvrir le champ de la didactique des langues à un ensemble de disciplines qui y sont, au moment présent, quasiment absentes.

Cette démarche d'ouverture contribue à redéfinir le rôle de l'enseignant. À l'école, la culture étrangère est, nous l'avons vu, marquée par les contraintes institutionnelles du lieu où elle est diffusée. Il peut donc parfois y avoir contradiction entre le système de valeurs auquel renvoie la culture étrangère et celui que l'école a pour mission explicite de diffuser. La position institutionnelle de l'enseignant est dans ce cas fort délicate. Force est de remarquer que ce type de contraintes a été peu décrit et que les solutions pédagogiques actuellement disponibles pour ce cas de figure ne représentent que des pis-aller lourds d'ambiguïtés, qu'il s'agisse du renvoi à une définition universellement valable de la culture étrangère ou de la pure et simple éclipse des contenus culturels étrangers.

Médiateur de plein droit dans la classe entre l'élève et la culture enseignée, l'enseignant doit, au premier chef, être entraîné à un retour critique sur la constitution de sa propre expérience et apprendre à maîriser les effets incontrôlés de l'appartenance à un sexe, une génération, une strate sociale, un groupe national donnés. Là encore, force est de constater que le contact personnel et direct avec la culture étrangère n'est pas une priorité absolue dans la majorité des formations actuelles délivrées aux enseignants de langues. Laissé à l'initiative personnelle, le séjour à l'étranger du professeur dépend trop souvent plus d'un réseau de relations et de moyens économiques individuels que d'une volonté systématiquement mise en œuvre par l'institution scolaire au titre de la formation. Un état de fait en relation avec la configuration actuelle du champ des disciplines de la didactique des langues.

L'élargissement de ce champ amène à poser des questions de méthode jusqu'alors passées sous silence : qui est le mieux placé pour décrire une culture ? Jusqu'à quel point la compétence

---

1. L. Porcher, *Bribes pour lire Bachelard. Questions de méthode en didactique* in *Le Français dans le Monde*. Paris, Hachette/Larousse, février-mars 86, p. 64.

culturelle dans une culture étrangère est-elle compatible avec la définition du savoir scolaire ? Comment transformer l'expérience individuelle en savoir objectivé ? Ces interrogations conduisent à une autre définition de la classe de langue : lieu où s'explicite l'implicite, où s'enseignent les leçons d'un certain silence — savoir observer, savoir écouter. La familiarité avec une culture étrangère tient, dans ce cas, moins de l'accumulation de connaissances — une définition du contenu d'enseignement gouvernée par l'intention réaliste — que de la maîtrise du processus d'interprétation : la priorité est dans ce cas accordée aux outils d'analyse, aux retours critiques sur la constitution de l'information, aux rapports symboliques qui gouvernent un espace culturel donné.

Index

Les numéros renvoient aux pages.